Tout savoir sur
LA VOIX

COLLECTION « LES CHEMINS DE LA MEDECINE »

Déjà parus :
TOUT SAVOIR SUR LA VOIX, du Dr M.-L. Dutoit-Marco
DICTIONNAIRE PRATIQUE DU CANCER, du Dr Philippe Lagarde
CE QU'ON VOUS CACHE SUR LE CANCER, du Dr Philippe Lagarde
VIVRE SANS ASTHME, des Drs S. Wasmer et M. Reinhardt
CHERI...TU RONFLES, du Dr J.-M. Pieyre
VOS VETEMENTS ET VOTRE SANTÉ, du Dr G. Schlogel
LE TEMPS D'AIMER OU POURQUOI 52 % DES HOMMES SONT-ILS EJACULATEURS PRECOCES, du Dr P. Solignac
COMMENT VOUS ALIMENTER SAINEMENT SELON LES PRINCIPES D'UN MEDECIN ACUPUNCTEUR, du Dr Guido Fisch
APPRENEZ L'ACCOUCHEMENT ACCROUPI, du Dr Moyses Paciornik
LA CHIROPRACTIE, CLEF DE VOTRE SANTÉ, du Dr Peter Huggler
RELAXATION ET SOPHROLOGIE POUR SE SENTIR BIEN DANS SA PEAU, du Dr J.-J. Jaton
MAITRISEZ VOTRE SANTÉ, du Dr Charles Terreaux
LA DOULEUR EST INUTILE, du Dr Pierre Soum
L'INFLUENCE DES ASTRES SUR VOTRE SANTÉ, du Dr Michelot
MON APPROCHE DU CANCER, du Dr S. Neukomm

Si vous désirez être tenu au courant des publications de l'éditeur de cet ouvrage, il vous suffit de nous envoyer vos nom et adresse.

Siège social :
29, rue de bourg, CH-1002 Lausanne, Suisse.
Tél. 021/22.17.17. Tél. de Paris 19.41.21/22.17.17.

Paris : 2, rue de Sabot. F-75006 Paris. Tél.548.68.85.

Dépôt légal en Suisse en octobre 1985.

ISBN 2-8289-0200-5

Photo de la couverture : Agence Kipa/Globe Photo USA

Dr M. -L. Dutoit-Marco

Tout savoir sur LA VOIX

EDITIONS
PIERRE-MARCEL
FAVRE

distribué par: / distributed by:
hurtubise hmh ltée
7360, BOUL. NEWMAN
LASALLE, Qc. CANADA H8N 1X2
Tél.: (514) 364-0323

Ce livre est dédié à Rafael, mon mari,
à mes amis qui, par leurs encouragements incessants, leur tendresse, leur patience, m'ont incitée à réaliser un ouvrage qui certes n'a pas la prétention d'expliquer, de clarifier tout ce qui concerne la voix. Il a pour but, tout simplement, de transmettre ce qui m'a été donné.

Quelles idées dois-je à mes lectures ? A des auteurs tels que Tarneaud, Seeman, Damste, Perello, Lafon, Habermann, Böhme, Greene, Boone, Cornut, Le Huche... qui ont fait jaillir en moi une passion que je souhaite et désire si ardemment partager ! Quelles conceptions me sont devenues personnelles à travers le canevas qu'ils ont tissé ? Je ne le sais ! Ils m'ont éveillée à l'écoute de la VOIX. Qu'ils en soient remerciés !

Ma reconnaissance va aussi à mes collaborateurs, qui grâce aux échanges, aux remarques, aux pensées, soulevés par le travail quotidien sur la voix, ont suscité une approche thérapeutique dirigée vers l'écoute du patient, vers le désir quelquefois réalisé de le sortir du « mal être » qu'il exprime par une voix entachée d'anormalité.

Ma gratitude va à Claude Maréchaux dont les conseils de pédagogue, de musicologue, d'amoureux passionné de la voix, m'ont aidée à m'extraire du monde médical, de sa rigueur scientifique, à exprimer le phénomène voix avec plus de simplicité et de ce fait même plus de clarté.

Mon amitié enfin va à Marie-Agnès Faure qui, en plus de ses qualités de médecin phoniatre, m'a ouvert le monde de la voix chantée qu'elle pratique avec tant d'amour.

Avant-propos

Vous avez écouté, admiré, puis aimé : Caruso, Callas, Horne, Berganza... Elvis Presley ! Vous êtes subjugué par les voix sombres des chanteurs de blues ! Vous avez fredonné inlassablement « Only you » des Platters ! Vous vibrez à l'écoute des Beatles, de Brel, de Piaf, de David Bowie !!! La voix profonde de Marlène Dietrich, rauque de Claudia Cardinale ou de Jean Servais vous ont fait découvrir une approche esthétique autre que beauté physique, regard, mimique, geste ou démarche.

Vous percevez votre propre voix comme métallique, nasonnée, blanche, soufflée, dure, incisive et pourtant nos organes phonateurs sont tous anatomiquement semblables. Au contraire, votre voix est dite : chaleureuse, douce !... En a-t-il toujours été ainsi ? Pouvez-vous changer votre voix ? Se pare-t-elle de telle ou telle nuance, suivant les circonstances ? Vous plaît-elle ou plaît-elle ?

La voix, au même titre que les yeux, les oreilles, les mains, la démarche, la typologie corporelle, reflète sans doute notre personnalité... mais en plus, elle a cette nuance insaisissable, cette possiblité unique d'échapper à nos lèvres, de heurter une oreille, de se fixer un instant dans le cerveau..., de faire émerger une idée qui, exprimée, s'éloigne. Elle est en mouvement, perpétuellement ; elle est énergie. Elle naît du souffle, est portée par lui, vibre un instant en nous, puis... émerge de nous... se fond dans l'espace... une pensée jaillit... la communication naît...

CHAPITRE PREMIER

La voix

1. INTRODUCTION

La voix s'exprime dans l'instant. Elle est le support acoustique de la parole. Elle est le son résultant d'une synergie fonctionnelle entre les mouvements laryngés, respiratoires et phonatoires (Tarneaud). Créée par le souffle, générée par le larynx, elle devient énergie sonore. Elle appartient au domaine de la physique acoustique. C'est un phénomène sonore, donc ondulatoire.

Un son est fait d'une série de sphères successives de surpressions et de dépressions de l'air (ou d'un autre milieu élastique), qui s'éloignent de manière concentrique de leur point d'origine à une certaine vitesse (environ 300 m/seconde dans l'air). La hauteur du son dépend du nombre de vibrations par seconde (cycles/s ou Hz), son intensité de l'amplitude des vibrations. Pour être « son » : le nombre de vibrations par seconde doit se trouver dans la plage perçue par l'oreille (environ de 20 Hz à 16 000 Hz). Phénomène mécanique, et non électro-magnétique, comme les ondes radio, il nécessite un support matériel. Un son n'existe pas dans le vide. Un son peut être pur ou composé, organisé (son musical) ou anarchique (bruit).

La voix est donc un son et, par conséquence, en possède toutes les caractéristiques : hauteur, puissance, timbre, modulation mélodique. Apparemment, tous les termes qui peuvent qualifier ceux d'un instrument de musique, également générateur de son, devraient pouvoir être adaptés à la voix. Ils le sont dans la plupart des cas, mais ne suffisent pas.

Pour mieux comprendre, imaginons la voix, mais hors de son contexte de support acoustique de la parole. Lorsque la voix est traitée instrumentalement, qu'elle déroule des vocalises non articulées, elle peut être assimilée à un instrument de musique. Et pourtant elle demeure fondamentalement différente. Un violon, par exemple, a toujours un son de violon, l'instrumentiste peut en faire varier la hauteur, l'intensité et, dans une certaine mesure, le timbre, mais quoi qu'il fasse : le violon reste violon. La voix par contre peut se modifier totalement. Son registre sonore est immense. Elle peut caresser, agresser, gronder. Aucun instrument musical ne présente cette mobilité. Il est défini lors de sa construction. Il doit correspondre à un certain nombre de critères prédéfinis. La voix, elle, est en constante évolution et transformation. L'instrument est extérieur à l'interprète qui a dû passer de longues heures d'exercice et de travail pour le maîtriser, alors que la voix fait partie de l'interprète et évolue avec lui. Elle jaillit d'une pulsion interne et l'interprète devient la vibration de sa voix. Intimement mêlés, ils s'influencent l'un l'autre, s'identifient. Est-ce le chanteur qui suit sa voix ou la voix qui suit le chanteur, ce magicien qui peut modifier à volonté les caractéristiques de son instrument, accédant à une gamme de sons, quasi infinie, avec en plus la capacité d'imiter les instruments de musique eux-mêmes ?

La voix parlée et chantée est essentiellement un geste, autrement dit « un mouvement du corps en vue d'exprimer la pensée, le sentiment » dit Tarneaud... Mais notre voix nous permet d'être distingué de l'autre : elle révèle nos états d'âme... elle est donc plus qu'un phénomène sonore... elle est vectrice d'émotions, elle est communication spirituelle... elle est le reflet de notre personnalité ! Que signifie personnalité ?

Pour Löwen : le mot personnalité dérive de deux racines : la première, issue de « persona », se réfère au masque porté par l'acteur et définit son rôle. Comme la façon spécifique de parler de quelqu'un que l'on peut identifier à des rôles : chef d'Etat, fonctionnaire, prédicateur, ce qui nous permet d'identifier une profession, une vocation. Le masque influence donc notre voix, la modifie ! La deuxième racine : « persona » signifie « par le son », par la voix. Notre personnalité donc est reflétée par le son que nous émettons. Pour Arnaud : « Il suffit d'un fragment de voix, d'un mot, d'une intonation, d'un silence, pour tout changer entre deux êtres ».

Pour Vasse : « Entendre la voix d'un autre, c'est écouter dans le silence de soi une parole qui vient d'ailleurs » ou « La voix se présente comme l'énigme de la réalité humaine. Enigme puisqu'elle ne peut être pensée, ni comme le lieu de la présence, ni comme le savoir de la représentation. Elle est le rapport incessant des deux, irréductible à aucun des deux ordres qu'elle articule parce que justement, elle les articule. Absente de la représentation, elle est cependant, dans le manque où elle s'inscrit, ce qui organise le savoir. Absente du lieu, elle est cependant dans la mort où elle s'écoute, ce qui organise la vie. Elle est dans le savoir, la subversion du lieu et dans le lieu, la subversion du savoir : elle est le passage de l'un à l'autre, la traversée elle-même ».

2. DÉVELOPPEMENT

Comment se forme la voix ?

Le pharyngo-larynx est le carrefour vital où alimentation, inspiration, phonation et articulation s'entrecroisent. Le larynx est formé de cartilages plus ou moins mobiles, de ligaments, de muscles tapissés d'une muqueuse. L'innervation est assurée par le nerf récurrent et le nerf laryngé supérieur issus de la dixième paire des nerfs crâniens. Pour que les cordes vocales puissent entrer en position phonatoire pour vibrer, il faut une source d'énergie qui provient de la soufflerie pulmonaire. L'onde vibratoire se forme alors et irradie vers le corps sonore : le conduit vocal, long de 17,5 cm, des cordes vocales aux lèvres chez l'homme, et constitué d'une succession de formes et de volumes variables dans le temps : les ventricules de Morgagni, le pharynx, les cavités buccales sur et sous la langue, le vestibule labial, les cavités nasales, communiquant par des ouvertures de section également variables : la glotte, le sphincter vélo-pharyngien, les points d'appui de la langue contre le palais, le degré d'ouverture interdental, et l'impact des lèvres déterminé par la sangle musculaire des lèvres et des joues.

La voix, dès lors support acoustique de la parole, s'exprimera dans le temps et en durée, sous forme de rythme, de modulation, d'intonation, de mélodie dont découle un message signifiant, en fonction du code de la langue parlée, message chargé par ailleurs d'une valeur esthétique et affective tout aussi significative !

La voix présente donc divers aspects :

a) Elle est une unité fonctionnelle qui implique la synergie de :
— la respiration : élément énergétique : le souffle,
— du larynx : élément vibrant : générateur de sons,

— des cavités de résonance déterminant le timbre,
— de l'attitude psycho-bio-mécanique générale.

b) Elle compte une dimension acoustique dont les paramètres sont :

— l'intensité : édifiée par la relation entre la pression de l'air expiratoire et la tension de l'accolement glottique,
— la hauteur : obtenue au niveau des cordes vocales par la segmentation de la colonne d'air expiratoire et fonction de leur masse et tension,
— le timbre : déterminé par le spectre des harmoniques et résultant de l'adaptation des résonateurs, de la tonicité et de la position des cordes vocales, de l'état de la muqueuse, de la charge affective du mental,
— la durée phonatoire, fonction du débit d'air expiré et conditionné par la balance synergique et antagoniste entre la musculature inspiratoire et expiratoire.

c) Elle est fonction de l'état psycho-affectif et émotionnel :

— elle est manifestation primitive, originelle, fondamentale de la vie... elle est le « premier cri »,
— elle est le moyen privilégié de communication, elle est véhicule de la pensée par le langage articulé,
— elle est acte d'agression, de projection vocale et de pouvoir sur autrui par son intensité, son pouvoir émotionnel, son timbre, son débit, ses attaques, ses accents, son vibrato...
— elle a valeur érotique dans le murmure amoureux, elle est identité sexuelle...
— domptée dans le chant et contrôlée, elle est œuvre d'art, création voulue,
— enfin..., elle est le soupir..., le dernier..., l'ultime manifestation du passage de la vie à la mort.

3. HISTORIQUE

Dès la plus haute Antiquité, les philosophes, les scientifiques, les sages s'intéressent à la voix. Une des références les plus anciennes que l'on connaisse la concernant peut se voir sur un bas-relief égyptien remontant à 2 400 av. J.-C. Une cérémonie religieuse, célébrée par un chœur de femmes, est sculptée sur un mur de la nécropole de Saqqarah. La voix est écrite dans le papyrus d'Ebers (1500 av. J.-C.). Alcémon de Crotone distingue l'intelligence de la sensation, jusqu'alors confondues (750 av. J.-C.). En 350 av. J.-C. : Aristote souligne le rôle premier de l'air pour que la voix puisse être produite par la trachée et le larynx. Mais, pour lui, le processus entier était inspiré par l'âme qu'il localisait dans le cœur et les poumons. Ne s'agit-il pas de la suggestion première de la voix « miroir de l'âme » ?

En 200 av. J.-C., Hippocrate différencie la perte de la parole de la perte de la voix. Il spécule que les poumons et la trachée jouent un rôle déterminant dans la production vocale et que les lèvres et la langue précisent l'articulation. Galien, au IIe siècle après J.-C., n'est autre que le fondateur de la laryngologie et des sciences de la voix. Il décrit le larynx et ses cartilages. Il réalise que la voix est sous le contrôle du cerveau et qu'en plus : la voix, l'articulation et la parole sont des notions distinctes. Plus tard, les médecins arabes apportent leur contribution à la science médicale : Rhazes de Bagdad au IXe siècle fait référence aux affections de la voix et à la raucité, parle de thérapie. Ali Ibn Abbas Al-Majusi au XIIe siècle sait que le larynx produit la voix et que l'épiglotte permet d'éviter une mauvaise déglutition.

Plus proche de nous, Léonard de Vinci (1425-1519) étudie méticuleusement l'anatomie et la physiologie de la respiration et du larynx. Il définit correctement l'articulation des phonèmes et reconnaît l'importance du voile du palais. Morgagni (1682-1771) de Padoue décrit le larynx et les bandes ventriculaires qui lui doivent leur nom. Il parle des altérations vocales liées à des conditions pathologiques du larynx. En 1741, Ferrein de Lyon mentionne : « les lèvres de la glotte sont des cordes capables de vibrer comme un violon : l'air est l'arc ; l'effort de la poitrine est la main qui conduit l'arc ». Il est le fondateur de la physiologie vocale expérimentale. En 1761, le Suisse Albrecht von Haller, à Göttingen, consacre un volume entier de ses « Eléments de physiologie » à la respiration, à la voix, à la parole. Il réalise que la résonance de la voix est localisée dans les cavités nasales… dans la gorge, la bouche et les sinus. Muller, quelques années plus tard, décrit la théorie myo-élastique des vibrations laryngées.

Enfin en 1840, Manuel Garcia publie son fameux « Mémoire sur la voix humaine » et en 1847 son « Traité complet de l'art du chant ». Il y décrit comment, grâce à un jeu ingénieux de miroirs, il a pu voir son propre larynx. C'est le procédé que nous utilisons encore aujourd'hui !

CHAPITRE II

La voix et la personnalité

1. INTRODUCTION

Vous est-il déjà arrivé d'éprouver le violent désir de rencontrer l'être humain dont émane une voix, amenée par le vent, le téléphone ou le micro d'un grand aéroport ? La voix parlée, insinuante, au timbre chaleureux, aux intonations, aux modulations mélodieuses délivrant un message que vous écoutez, laissez couler en vous, et qui provoque un impact si fort qu'une attraction spontanée et indélébile naît entre vous et la voix. Au-delà dû message transmis par la voix, de sa valeur sémantique, ce sont les inflexions de la voix qui vous ont touché.

Quelle désillusion aussi lorsqu'une femme belle, à la démarche élégante, au corps élancé, aux gestes raffinés, parle soudain... Sa voix vulgaire, entachée d'un accent de terroir ou de langue étrangère vous « déchire les tympans », vous perturbe dans vos perceptions auditives. Ainsi, rejet, attirance d'une voix sont autant fonction de notre état d'âme que de notre écoute. Mais aussi, combien la voix est importante lorsque le chef d'entreprise... le directeur d'émission radiophonique... le médecin... doit engager une secrétaire, un speaker, une réceptionniste, c'est-à-dire une voix, puisque son travail quotidien, son gagne-pain dépendent de la relation établie à travers la voix de la personne qu'il engage avec le public... l'inconnu.

Nos pensées, nos idées, sont transmises par le choix des mots certes, mais aussi par l'intonation de la voix, plaisante ou désagréable, douce ou râpeuse ; par le rythme régulier ou hésitant ; par la hauteur et la mélodie des inflexions. La tonalité de la voix peut traduire : confiance et calme ou insécurité et peur. Au niveau infra-verbal, dans une relation inter-personnelle, la tonalité de la voix, en dehors des mots choisis, indique les pensées ou les sentiments du locuteur ou au contraire les dissimule. La voix peut refléter la sympathie ou l'antipathie, un manque d'intérêt, une fatigue, de l'anxiété, de l'excitation, de l'enthousiasme pour un interlocuteur intuitif, à l'écoute. En plus, la voix donne la clef psychologique de l'image et de la représentation de soi, de la personne qui parle ainsi que sa perception des autres.

L'image de soi est indiquée par une tonalité de voix confiante, prétentieuse, agressive, intimiste, exubérante... Par un simple changement de tonalité ou d'inflexion de la voix, on peut casser un lien de sympathie ou d'intérêt avec l'autre.

La santé émotionnelle est évidente dans la voix, sous forme des sons mélodiques de l'être joyeux, des sons serrés et rauques du colérique, du timbre triste et léthargique du déprimé. L'émotion se traduit dans la voix (Moses, Ronsey) par les paramètres : rythme respiratoire, hauteur et rapidité du débit, articulation précise ou non. Le changement d'humeur d'une personne est perceptible au téléphone par une simple variation de hauteur, de rythme de la parole... La dépression est indiquée par une diminution de l'étendue vocale, par la monotonie, par une ligne mélodique plutôt en mineur (Moses). L'exubérance est indiquée par des changements d'intonation, de hauteur, fréquents et étendus, et par une ligne mélodique plutôt en majeur. L'image de soi positive est généralement reflétée par une bonne posture, un bon port de tête, par une articulation claire et précise. Une personne désécurisée se voûte, laisse tomber ses épaules, marmonne ou parle de façon inaudible.

2. QUE NOUS DÉCOUVRE LA VOIX ?

a) Sa propre santé :

Pour une oreille avertie, la voix révèle avant tout sa bonne ou mauvaise condition d'émission. Une voix claire, bien timbrée ne peut naître que d'organes phonateurs sains. Une voix rauque, éraillée, soufflée ou cassée laisse supposer un état pathologique du système phonatoire.

b) L'identité sexuelle :

Emise dans des conditions normales, la voix d'un homme adulte se différencie de celle d'une femme. Les deux voix ont une différence de hauteur d'une octave. A quoi cela est-il dû ?

Nous sommes constamment sous l'influence des sécrétions de nos glandes endocrines. Ainsi : l'organisme masculin sécrète une hormone nommée testostérone. Dès la mue installée, cette hormone exerce ses effets sur les caractères sexuels secondaires (apparition de poils sous les bras, au niveau du pubis)... et sur le larynx et ses cartilages ; les muscles grandissent et la muqueuse se transforme. La voix du garçonnet descend d'une octave.

Dans le sexe féminin, deux hormones entre autres sont sécrétées : la folliculine et la progestérone. Sous leur influence, à la mue, la voix de la fillette descend d'une tierce environ et son étendue vocale s'étend.

L'ensemble des fonctions endocriniennes est soumis à l'action de la glande hypophyse : véritable chef d'orchestre, agissant en permanence sur les glandes « cibles » comme la thyroïde qui, si elle sécrète trop d'hormones, sera responsable du caractère métallique de la voix, mais avec une certaine facilité dans l'émission des notes aiguës ou, au contraire, des voix aggravées, voilées, sombres en cas d'insuffisance de sécrétion.

Les surrénales, dont l'hormone DOCA est responsable du mordant, du grain, de la puissance de la voix avec l'émission facilitée des notes aiguës, jouent aussi un rôle prépondérant.

Ainsi donc l'hypophyse, par l'intermédiaire des hormones qu'elle sécrète, exerce une action constante et durant toute notre vie sur la qualité de notre voix, sa puissance, le mordant de son timbre. De toutes ces hormones dépendent la vitalité endocrinienne de l'individu, ses activités rythmogènes et, surtout, sur le plan vocal : le tonus d'accolement des cordes vocales et la qualité de la muqueuse laryngée.

c) L'âge :

On distingue instantanément la voix d'un nouveau-né de celle d'un enfant ; celle d'un adolescent de celle d'un vieillard.

La voix infantile

Pour les deux sexes, la voix, jusque vers l'âge de 8-9 ans, est pratiquement identique.

La voix, ce cri primal, le premier cri, est le signal de vie de cet enfant tant attendu, pour la mère épuisée mais heureuse, pour le père inquiet... Ce cri dure environ une seconde. Sa mélodie est descendante et stridente. Son intensité est d'environ 80 décibels. Son énergie sonore est curieusement concentrée sur les fréquences les mieux perçues par l'oreille humaine (2300 Hz ou cycles/seconde). Il est généralement émis sur le la 3 (440 Hz).

Entre la naissance et l'âge de deux mois, on reconnaît :

— le cri de douleur : légèrement plus long que le précédent, plus strident, sa tonalité est plus élevée.

— Le cri de faim : caractérisé surtout par l'émission de « consonnes occlusivo-vélaires » [k - g] et de grandes variations de hauteur du son.

— Le cri de plaisir : caractérisé par une voix à hauteur éminemment variable, hypernasale à grande variation mélodique.

— Entre 2 et 3 mois : les attaques vocales sont plus fortes, plus puissantes. Apparaissent des bruits de langue, de lèvres, de larynx, au hasard des intentions de jeu de l'enfant. L'étendue mélodique augmente progressivement.

— Entre 5 et 6 mois : surviennent les premiers bruits émis par imitation ; des redoublements phonétiques tels que [are-are]...

— Entre 9 et 12 mois : les premiers mots doués de signification intentionnelle sont émis par l'enfant. C'est l'époque des premiers mots, du premier mot, qu'attendent si impatiemment les parents.

Jusqu'à l'âge de 9 ans : le sexe n'influence guère la voix. L'étendue vocale se situe entre 250 et 520 Hz (do 3 à do 4) ; la fréquence fondamentale oscille toujours autour de 400 Hz.

De 9 ans à la puberté, la différence entre l'étendue vocale du garçon et de la fille est à peine perceptible. Pour la fillette, elle va de si 2 à do 4 ; pour le garçon de la 2 à do 4.

A la puberté, apparaît le phénomène de la mue.

La voix de mue

La voix fait partie des caractères sexuels secondaires. Elle change à la puberté entre 11 et 14 ans. Plus précoce chez la fillette dont la voix baisse d'une tierce à une quinte, celle du garçon d'une octave : la mue dure environ six mois.

Elle consiste en un développement du larynx : les cordes vocales augmentent de longueur, de largeur et d'épaisseur. Le squelette cartilagineux laryngé croît d'environ un tiers.

Elle s'effectue sous l'influence des hormones mâles ou femelles.

Trois groupes de problèmes sont liés à la mue :

— un problème musculaire

— un problème physique (adaptation de l'émetteur laryngé aux résonateurs)

— un problème psychologique d'acceptation de la voix nouvelle.

Des troubles passagers se manifestent sous forme d'alternance entre des sons graves et des sons aigus ; le timbre est quelquefois indécis jusqu'à l'acquisition de la voix adulte. Les troubles, sans être pathologiques, sont liés essentiellement :

— au désaccord momentané de volume entre le pharynx et le larynx,

— aux nouvelles coordinations musculaires,

— au phénomène congestif propre, lié à l'afflux sanguin caractéristique de la mue.

La voix du troisième âge

La voix des personnes âgées se reconnaît bien. Elle chevrote, sa fréquence fondamentale semble plus haute chez l'homme, plus basse chez la femme ; comme si les deux voix se confondaient, fusaient ; non reconnaissables l'une de l'autre : retour aux voix infantiles à tonalité identique ou presque pour les deux sexes !

Ses caractéristiques, en référence à Habermann, Perello, Mac Glone, Hollien, sont :

— une réduction de l'étendue vocale,

— un fondamental moyen qui monte chez l'homme dès 70 ans environ à 125 - 130 Hz, alors que chez la femme, il descend vers 180 Hz et en dessous,

— l'apparition d'un trémolo, d'un chevrotement,
— une diminution de la puissance vocale, une voix soufflée aux attaques altérées,
— une réduction de la résonance amenant un changement dans la qualité du timbre,
— une augmentation des pauses respiratoires, conduisant à un ralentissement de l'aptitude à répéter rapidement une succession de syllabes identiques.

Le phénomène « vieillesse » est purement physiologique et au niveau des organes de la phonation ; il se marque par :

— une modification anatomique des cartilages laryngés qui se calcifient, de la cage thoracique qui voit sa capacité vitale diminuer, des cordes vocales qui s'atrophient, le dos qui se voûte ; les articulations costo-vertébrales qui se rigidifient...
— la vie endocrinienne qui involue,
— le système nerveux central qui perd de sa rapidité de conduction des informations,
— la perception auditive qui diminue (presbyacousie).

d) **La santé physique**

La qualité de notre voix dépend de notre santé, c'est presque pléonasme que d'affirmer cet adage. Sommes-nous fatigués, malades, faibles : notre voix est monotone, détimbrée ; elle manque de mordant, d'intensité. A peine pouvons-nous y introduire intonation et modulation. Au contraire, sommes-nous en bonne forme physique, reposés, ouverts vers l'extérieur que notre voix se colore, s'échauffe, monte, descend, s'assouplit, se projette, se renforce, s'éclate, s'amplifie...

e) **Les facteurs psycho-affectifs**

Si relève du psychisme tout ce qui se rapporte aux facultés mentales ou aux réalisations de la conscience, l'acte vocal déclenche, par l'intermédiaire de la boucle audiophonatoire, à l'intérieur de notre corps, toute une série de phénomènes musculaires ou vibratoires qui sont donc sous l'influence directe de notre mental. A chaque instant, le timbre de notre voix, sous l'action conjuguée du tonus de la musculature laryngée et des résonateurs, du souffle et sur le souffle, est modulé, changé, au gré des interventions de nos états affectifs ou de nos émotions. Ressentons-nous gaieté ou surprise, immédiatement se notera l'effet stimulant sur notre voix dont l'intensité, le mordant, le grain, changeront quasi instantanément. Eprouvons-nous peine, douleur, anxiété, peur, dépression : la voix s'affaiblira, deviendra murmure à peine audible : voix blanche sans nuance.

f) L'écoute et l'auto-écoute

Nous réglons notre voix sur ce que nous entendons d'elle, sur ce que nous percevons d'elle. Notre voix, modulée dans notre conduit vocal, est « placée » dans notre tête et déclenche à l'intérieur de notre corps des phénomènes musculaires, mais surtout vibratoires que nous ressentons plus ou moins bien. Si nous prenons conscience de ces phénomènes sensoriels, notre voix en sera influencée certes, mais nous n'entendons pas notre voix comme les autres l'entendent ; nous ne reconnaissons pas notre voix enregistrée ; nous devons porter une main, grande ouverte derrière le pavillon de l'oreille et appliquer l'autre arrondie en conque entre la main et la lèvre supérieure pour que le son s'échappant de la bouche soit dirigée vers l'oreille : les analogies de la voix émise et de la même voix entendue sur la bande magnétique, apparaissent... Notre oreille donc, si notre audition est intacte, affine progressivement son écoute, nous permet de contrôler notre émission vocale, mais elle n'est qu'une parmi toutes les autres données, à pouvoir nous aider à entendre notre propre voix, à écouter celle des autres.

g) La santé du système nerveux central

Toutes nos productions phoniques dépendent de la représentation mentale de l'image auditive. Au niveau cortical, dans les centres encéphaliques (auditifs et phonatoires) se font : écoute, mémorisation, décodage, formulation d'idées, mise en place mentale du geste phonatoire. Au niveau sous-cortical : la formation réticulée est le substrat de notre émotivité ; tandis que les sensibilités internes : des lèvres, du palais, du voile, du pharynx, du larynx, ou profondes de la nuque, de la colonne vertébrale, des bras, du bassin, des jambes, des pieds, permettront à notre activité phonatoire de coordonner harmonieusement l'ensemble des gestes et des mouvements nécessaires à l'acte vocal.

h) La morpho-anatomie des organes de la phonation

La morpho-anatomie de nos orifices sensoriels en particulier des narines, de la bouche, est d'importance capitale pour la précision de l'acte vocal et la production de la parole. Ainsi une mandibule trop en retrait ou un maxillaire supérieur trop en avant, une malposition dentaire, une langue mal mobile, détermineront des troubles articulatoires phonétiques (sigmatisme, schlintement) ou une altération de la résonance tant pharyngée que buccale. Une pince labiale trop faible sur une hypotonicité de la sangle oro-bucco-faciale, une voûte palatine trop étroite, un voile trop court ou encore un larynx dévié, seront, malgré une anatomie normale, un facteur de gêne pour l'émission d'une voix à timbre agréable ou d'une parole distincte.

i) La biotypologie

Classiquement, on décrit les types brévilignes, athlétiques, longilignes... Peut-on penser que chacun de ces types émet une voix particulière ? Peut-on imaginer qu'un homme grand, noiraud, beau, bien fait de sa personne, possède nécessairement une voix grave, veloutée ou caressante ?... Non ! Hélas ! Trop de facteurs interviennent, trop de paramètres interfèrent, allant de la santé physique à l'équilibre psychique, à la morpho-anatomie des organes de la phonation, aux habitudes de vie, aux influences professionnelles... Lorsqu'en plus, comme c'est le cas dans certaines professions telles que celles de prédicateur, de comédien ou d'avocat, la voix se travaille, s'initie à prolonger son souffle, à varier ses inflexions, son rythme, sa ligne mélodique, son accent... la biotypologie ne peut plus être appliquée. Une exception peut-être pour les chanteurs d'opéra, où on peut constater une tendance pour les voix d'homme chantées, de se ranger, pour les ténors, dans les types brévilignes, au cou large et court, à la poitrine ouverte, par opposition à la basse de type plutôt longiligne à la voix grave. Pour les divas, il y a quelques années encore, une soprano wagnérienne se devait d'être bien en chair ! Sa « rondeur » lui assurait un meilleur appui ! Force nous est toutefois de constater l'apparition progressive de sopranos minces comme un fil, belles comme le jour, dont les qualités vocales sont en tous points comparables à celles dont elles ont pris la relève.

j) La caractérologie

Ce sujet est probablement l'un des plus intéressants du domaine de la voix. Il est un fait : nous reconnaissons les inflexions angoissées, interrogatives de l'individu sentimental plutôt intériorisé ; les attaques dures du colérique ; la voix forte de commandement du sanguin et la voix plus subtile, plus pauvre en nuances du flegmatique. Notre caractère influence donc notre voix ! Nous pouvons percevoir les traits pertinents du caractère de l'autre par les inflexions de sa voix, ses attaques vocales, ses intonations, ses accents, son rythme de parole, sa ligne mélodique, son choix des mots... mais que couvrent les termes que nous employons si fréquemment lorsque nous parlons de la voix : émotivité, émotion, émotionnel... ?

Pour Le Senne : **l'émotivité,** première propriété constitutive de l'homme, est le « secret général de notre vie mentale qu'aucun événement, subi par nous, comme contenu d'une perception ou d'une pensée, ne peut se produire sans nous émouvoir à quelque degré, c'est-à-dire sans provoquer dans notre vie organique et psychologique un ébranlement plus ou moins fort et l'événement agit comme un agent de déflagration : une quantité plus ou moins grande d'énergie, antérieurement en réserve dans notre organisme, est libérée, cinétisée, de sorte qu'il en suivra, de façon intense ou faible, momentanée ou durable, soit des effets viscéraux, conditionnant un accroissement de la conscience de l'émotion, soit une réaction sur le monde extérieur au corps. L'intensité de l'émotion se retrouve aussi bien dans l'action que dans la connaissance ». Le Senne poursuit : « Dans l'ordre de la connaissance, l'émotivité doit entraîner, et l'effet est assez important pour être souligné, l'attachement du sujet ému à ce qui l'émeut. L'émotif adhère à ce qui l'émeut, cela ne se passe pas à la surface de lui-même, mais pénètre en lui et l'entraîne ». Pour Le Senne, la deuxième propriété constitutive est **l'activité.** Il est indispensable de distinguer entre l'activité que Le Senne appelle « manifestée, apparente » et l'activité à laquelle, pour éviter toute influence d'idée étrangère, il réserve le nom « d'activité caractérologique ». La troisième propriété constitutive est **le retentissement des représentations :** les hommes se laissent, du point de vue du retentissement, répartir en deux classes : ceux chez qui les impressions produisent leur maximum d'effet immédiatement, mais en même temps épuisent leur efficacité, de sorte qu'ils vont se retrouver tels qu'ils étaient auparavant, et ceux chez qui les impressions inscrivent lentement leur action dans le système nerveux où elles sont capables de faire sentir leur influence sur la conduite. Pour les premiers, **les primaires,** expérience veut dire présence vive du donné, ils ont telle puis telle expérience ; pour les autres, **les secondaires,** expérience signifie accumulation d'impressions reçues : ils ont de l'expérience. Le Senne distingue chez l'être humain, en fonction des trois propriétés constitutives sus-décrites : les nerveux, les sentimentaux, les colériques, les passionnés, les sanguins, les flegmatiques, les amorphes, les apathiques.

A partir de cette description si claire, si simple de Le Senne, peut-on tenter de tracer une caractérologie vocale ? L'individu énervé se reconnaît : sa tonalité de voix est montée, son débit s'est accéléré, sa voix a perdu son caractère harmonieux, le timbre s'est serré... Le sentimental, pour transmettre son discours amoureux, change naturellement le timbre de sa voix, il avance les lèvres, sa moue devient tendre. Le spectre fréquentiel des voyelles change forcément, la mélodie de la voix se fait caressante, ondoyante, la rapidité du débit diminue... Le colérique, lui, a toute son attitude corporelle qui change ; il se pétrifie, se contracte ; la voix est criée, intense lorsqu'elle ne s'étrangle pas ; la musculature phonatoire, qu'elle soit respiratoire, laryngée ou pharyngée, est tendue, le débit est accéléré, les variations de hauteur tonale sont importantes... Le passionné, lui, peut se livrer à toutes sortes d'excès : de la tendresse exprimée sur un souffle, les muscles expiratoires ne font aucun effort et pour Fonagy, « l'entrée glottique s'ouvre largement, les ventricules sont cambrés, les bandes ventriculaires éloignées l'une de l'autre... » ; cette décontraction, cette détente musculaire exprime l'absence de velléité agressive et justifie en partie la métaphore de la voix « caressante ». De la colère à la joie, les traits sonores de l'agressivité et de la tendresse se mêlent, la hauteur tonale monte, subit de brusques sauts où les accents s'entendent plus nombreux, où les inflexions sont plutôt ascendantes et où le mouvement mélodique est sautillant, capricieux, imprévisible (Fonagy). La joie reflète donc des mouvements très vifs, très irréguliers, voltigeants, une aspiration dynamique vers le haut d'où l'expression populaire : « la joie nous prête des ailes ». Le sanguin, l'individu de commandement peut être ironique et Fonagy décrit l'ironie dans la « Vive-Voix » : « une première phase, dominée par une voix de poitrine où l'on observe une contraction des muscles adducteurs du larynx où l'attaque vocale est comprimée, la ligne mélodique est presque immobile et où l'articulation labiale est relâchée. Suit une deuxième phase caractérisée par une voix de tête où l'intensité acoustique globale se réduit et la voix devient étouffée. Le ton monte soudain très haut, dépassant de préférence pour une voix d'homme le seuil de 250 Hz ; la langue se déplace vers le haut et l'avant, le pharynx se contracte. Suit la troisième phase où, à nouveau, le registre de poitrine est employé, l'attaque se comprime, un grondement apparaît, le ton tombe au niveau du départ et s'immobilise. La langue recule à nouveau. Les voyelles se transforment. »

Mais l'ironie, la tendresse, la joie ne sont-ils pas des sentiments qui peuvent être ressentis et exprimés par des individus appartenant à l'un ou l'autre groupe caractérologique ? Existe-t-il dès lors une différence entre les intonations de colère exprimées par un nerveux, un colérique ou un passionné ? Une fois encore, nous nous heurtons à d'autres paramètres qui, eux, appartiennent au statut socio-culturel de l'individu, à l'éducation qu'il a reçue, aux qualités morales qu'on lui a inculquées et qu'il a développées en fonction de son caractère, certes, mais aussi sous l'influence d'événements extérieurs à lui et qui sont directement en rapport avec le monde dont il est issu, la culture qu'il a reçue, la profession qu'il a acquise, l'influence qu'exerce son entourage sur lui... Et finalement, n'est-ce pas plutôt des attitudes que nous projetons par notre intonation, nos accents, notre lignée mélodique ; des traits de caractère que nous rendons perceptibles à l'autre par notre attaque glottique, notre débit, notre rythme de parole, notre choix des mots… ?

3. LES DIFFÉRENTES VOIX

a) La voix chuchotée

Le larynx fonctionne comme un émetteur de bruits. Les cordes vocales restent légèrement entrouvertes sans vibrer. L'air sous-glottique passe entre les parois rétrécies de la glotte produisant un bruit de frottement qui est repris par les résonateurs et renforcé comme serait la voix normale.

b) La voix à tendance homosexuelle

Pour l'oreille avertie, et selon la prépondérance d'attraction de l'un ou l'autre sexe, elle se perçoit, se devine. Chez l'homme, elle se manifeste par des variations tonales importantes, une accentuation des lignes mélodiques avec une ascension tonale fréquente, une certaine préciosité, suggérée par la fermeture des voyelles ouvertes, un vocabulaire généralement choisi. Chez la femme, la voix est souvent aggravée, ferme, forte. Les lignes mélodiques sont peu accentuées, varient autour d'un fondamental moyen grave. La voix porte.

c) La voix de fausset

Caractéristique d'une mue qui se prolonge, elle se retrouve chez les homosexuels masculins. Si dans les langues indo-européennes, elle est associée à une mue qui ne se passe pas normalement ou si elle suggère pour celui qui l'écoute une connotation dépréciative, elle est très utilisée dans les langues africaines, en particulier la langue bantoue où la hauteur relative du ton des syllabes, les unes par rapport aux autres, est chargée de sens.

d) La voix des travestis et des transsexuels

Moins préoccupés psychologiquement que les transsexuels, les travestis ont la voix peut-être plus enjouée, plus affectée, et les variations mélodiques sont plus importantes que celles d'un homme normal. Le transsexuel, par contre, ayant subi les transformations chirurgicales nécessaires à le rendre assimilable, du moins sur le plan physique, au sexe qu'il a voulu emprunter, rencontrera un unique problème : celui de la voix. Chez l'homme, les injections hormonales féminines auront provoqué le développement d'une poitrine ferme et agréable ; l'intervention chirurgicale aura effacé les appendices masculins et seule la voix basse et la pomme d'Adam saillante resteront pour lui gêne. Une intervention chirurgicale au niveau laryngé aura pour résultat de raccourcir les cordes vocales et d'aplanir la saillie du cartilage thyroïde.

Une prise en charge orthophonique néanmoins peut aider le transsexuel à acquérir une voix de tête, par apprentissage, imitation et entraînement progressif à ce type de voix.

e) La voix du comédien

Le comédien doit s'identifier au personnage qu'il joue sur la scène. Cette identification se fait essentiellement à l'aide de la voix à laquelle s'ajoutent l'attitude corporelle, le geste, la mimique et les parures vestimentaires. Tout à son intuition, bien dans le rôle, l'acteur doit saisir les traits caractéristiques du sujet qu'il incarne, du rôle qu'il joue et qu'il traduit par la voix. Il change donc sa voix pour ne nous transmettre que celle de son rôle... Et l'imitateur professionnel qu'est Thierry Le Luron, par exemple, possède, en voix parlée, une si importante facilité vocale et une oreille si sensible à tout trait pertinent qui passe dans le discours de celui qu'il imite, qu'il peut à chaque instant et en toute circonstance modifier les paramètres de sa propre voix, se calquant exactement sur la voix, voire la personnalité de celui qu'il imite.

f) La voix du commandement

De Gaulle avait certainement la voix la plus prenante de toutes lorsqu'il appelait à la Résistance du fond des brumes anglaises ; celle d'Hitler est probablement la plus caractéristique : lui qui, et beaucoup plus par sa voix que par le contenu de son message, captait son auditoire, le magnétisait, le mettait en transe. Il enflait le ton, éructait ses propos, émettait des sortes d'aboiements dans l'aigu, reprenait après un coup de glotte très dur ses exhortations au peuple avec un débit haché, saccadé, ce qui accentuait encore la violence de ses dires.

g) **La voix du ventriloque**

Etymologiquement, ce terme signifie « parler avec le ventre ». En réalité, le ventriloque utilise ses organes phonateurs, le souffle, le larynx et les résonateurs mais avec une maîtrise que seuls peuvent acquérir les individus doués, talentueux, s'exerçant inlassablement. L'effort musculaire intense qu'ils fournissent se voit au niveau de la musculature abdominale.

Véritable illusionniste de la voix, le ventriloque apprend à dominer et avec constance les différents modes d'émission de la voix. Son étendue vocale est très large. Tantôt homme, il emploie une voix toujours plus grave que sa propre voix parlée usuelle. Tantôt femme, il émet une voix parlée dans le médium, à la limite supérieure de sa voix de poitrine, puis, poussant avec un mécanisme de falsetto parfaitement contrôlé, il émet sa voix de ventriloque ; il passe d'un registre à l'autre avec aisance ; il utilise la partie postérieure de ses résonateurs (les fosses nasales et le pharynx) ; il prononce les appuis postérieurs de sa langue. Son art, son grand art, est de conserver une mimique immobile ; son visage est statique, il articule sans bouger ni les lèvres, ni la mandibule, ni les joues ; sa sangle oro-bucco-faciale est ferme, sa bouche est presque fermée. Les consonnes antérieures (les bilabiales [p - b - m]) sont reculées, mais le débit est si rapide qu'il nous est difficile de percevoir ce flou articulatoire antérieur. En plus, porteur d'un col roulé qui généralement cache son cou, il déplace une marionnette ou une poupée dans l'espace avec une dextérité sans pareille. L'attention du public se porte sur cet objet en déplacement qui masque les mouvements faciaux imperceptibles au gré de son discours.

h) La voix œsophagienne

Un patient, atteint d'un cancer du larynx, doit dans certains cas subir une laryngectomie totale. C'est-à-dire que pour prévenir une asphyxie ou un étouffement progressif lié à la croissance lente d'une masse tumorale, il faut pratiquer chirurgicalement l'ablation de son larynx. Privé de larynx, l'homme, pour communiquer, doit se faire comprendre en émettant une voix dite œsophagienne. Il apprend lentement à moduler l'air emmagasiné dans la poche dite œsophagienne à la base de son hypo-pharynx. La voix émise est rauque, son fondamental moyen est grave. Elle est peu intense et l'étendue tonale est restreinte à 4 ou 5 notes.

i) La voix de bande

Il s'agit de la voix émise lorsque les organes de la phonation sont utilisés de façon inadéquate. Les fausses cordes ou bandes ventriculaires deviennent le générateur sonore en lieu et place des vraies cordes. Pour qu'il y ait rapprochement des bandes, il faut une importante participation de la musculature intrinsèque et extrinsèque laryngée. La voix de bande est forcée, son timbre est grave, rauque, éraillé. Caractéristique était la voix de Louis Armstrong, qui apprit très rapidement à séduire les foules à l'aide de cette voix si étrange.

j) La voix de sifflet

Qui d'entre nous n'a pas été agressé par la voix aiguë, stridente émise par certains enfants ? Elle est produite par un blocage du larynx. Les cordes vocales sont tendues en arc, ménageant un orifice elliptique qui sert de modulateur à la turbulence émise par l'air sous-glottique.

k) La voix posée

La pose de la voix relève à la fois de la pédagogie, de

l'enseignement vocal, de la technique vocale et de la médecine. Pour Bonnier : elle est « la recherche de l'attitude vocale qui permet de réaliser le maximum d'effet vocal avec le minimum d'efforts des organes de la phonation ». C'est le but recherché dans toute rééducation vocale.

l) La voix synthétique

On trouve actuellement des circuits électroniques permettant d'obtenir relativement facilement une voix synthétique. Les circuits composés de plusieurs générateurs de son et d'un ou deux générateurs de bruit blanc, peuvent être commandés par un ordinateur ou des circuits adaptés.

Ce genre de reconstitution vocale est basé sur la théorie des formants. Un programme digital donne les consignes de fréquence et d'intensité pour chaque formant ainsi que pour les générateurs de bruits. Le signal résultant est transformé digital-analogique, et amplifié.

La qualité de la voix synthétisée sera directement dépendante du nombre de générateurs, et surtout de la qualité du programme qui les commande. Seuls des ordinateurs de grande capacité parviennent à émettre un vocabulaire étendu (chaque mot est un programme). Dans les voitures ou les instruments électro-ménagers qui « parlent », le vocabulaire est souvent limité à quelques consignes, enregistrées sur des mémoires logiques. Ces voix sont reconnaissables par leur débit heurté, un ton « inaltérable », un timbre souvent métallique et sans chaleur.

Une étape intermédiaire à la voix synthétique fut franchie lorsque certaines compagnies aériennes se mirent à utiliser des appareils transformateurs de timbre de voix. L'appareil, assez complexe, utilisait la voix de la speakerine pour se « programmer ». Il ne s'agissait pas d'un système digital mais analogique, fait de filtres actifs et qui redonnait la voix complètement transformée, suave, très caractéristique, dite la « voix d'aéroport ».

4. LES FONCTIONS SONORES LARYNGÉES

a) Le rire

L'espace sus-glottique et l'hypo-pharynx sont grand ouverts ; le débit expiratoire s'accélère brusquement, une voyelle, généralement le [a] ou le [e] est émise à voix forte, un souffle de voix l'entache ; la reprise inspiratoire peut être sonore. La voyelle se nasalise et si des consonnes sont émises, leur résonance nasale est utilisée optimalement... Et les expressions populaires de suggérer : « rire à gorge déployée... » « rire aux éclats... ».

b) **La toux**

Elle aussi est un son particulier, émis par le larynx humain. Sa fonction primaire est de débarrasser la trachée, les bronches et les poumons de sécrétions indésirables. Après une inspiration profonde, les cordes vocales se rapprochent violemment, entrent en contact, une voyelle sonore est émise. La sus-glotte se rétrécit, se contracte, le cartilage thyroïde se rapproche de l'os hyoïde par le jeu de la musculature thyro-hyoïdienne et pharyngée. A souligner qu'un mécanisme similaire est utilisé pour d'autres fonctions, telles que le soulèvement de charges importantes, l'acte de vomir, d'accoucher, ou de sangloter...

CHAPITRE III

La voix chantée dans l'histoire et les sociétés

1. INTRODUCTION

Si, à l'origine, la voix parlée semble se développer spontanément, soumise seulement aux nécessités de la communication, dont elle est le support ; si le langage oral, commun à une population ou à un ensemble de population, apparaît assez rapidement comme un facteur de survie du groupe, qui, lié par ce code, adopte une manière de penser et de vivre commune, qui facilitent et simplifient les rapports, et rendent plus efficaces les groupements d'individus et leurs actions collectives, le rôle de la voix chantée, son origine, paraissent, par contre moins évidents à cerner.

Nous ne connaissons de la voix chantée que les traces écrites, codifiées, tardives (quelques siècles avant J.-C.), et surtout d'une certaine partie seulement de l'activité vocale. En effet, tout le domaine du chant populaire nous échappe totalement jusqu'au XIIe siècle, et les rares témoignages que nous possédons de cette époque sont déjà le résultat de la transformation d'une esthétique « cultivée ». Seuls le clergé et une petite partie de la noblesse savent écrire, et parmi ceux-ci, une petite minorité seulement maîtrise la notation musicale.

Cette lacune est renforcée par le fait que la culture populaire se transmet essentiellement oralement. Les chansons sont souvent arrangées à la mode du jour, mais ces transcriptions écrites ne sont destinées qu'à ceux capables de les lire, c'est-à-dire, une élite, qui met un point d'honneur à ne pas ressembler à l'homme de la rue.

On admet généralement que les évolutions se sont faites dans les centres urbains, dans lesquels les transmissions facilitées par la promiscuité propagent les différentes modes beaucoup plus vite et plus facilement que dans les campagnes, où les distances, l'incertitude et les dangers encourus lors des déplacements, alliés aux guerres locales nombreuses, freinent la pénétration des nouvelles venues des villes.

Le mode de vie de la population rurale n'a par contre que peu changé jusqu'au XVIIe siècle, et ne subit une grande évolution qu'à partir du XIXe. Si les modes citadines sont versatiles, changent avec les souverains et leurs goûts, celles des campagnes, au contraire, se fixent et finissent par déterminer une identité provinciale caractéristique, solidement maintenue par la tradition, autre manière de perdurer.

Que constate-t-on aujourd'hui lorsqu'on étudie la voix dans la musique folklorique (à différencier de la musique populaire que diffusent les médias des pays occidentaux) ?

La voix chantée forme un tout avec la langue parlée, et le genre de mélodie est fortement influencé par le mode de vie, les paysages, la lumière et le climat. A titre d'indication, sans développement exhaustif, on peut dire que les voix et les musiques des pays du nord de l'Europe sont plutôt mélancoliques, les voix plus douces, confirmant en cela l'influence des langues aux sons moins colorés, moins incisifs, alors que les voix et les mélodies du sud de l'Europe sont plus « nerveuses », les timbres plus clairs, voire claironnants, et les rythmes beaucoup plus marqués. Ces caractères sont très évidents, lorsque l'on compare les chansons irlandaises aux italiennes. D'un côté, des mélodies mélancoliques, comme le temps et la couleur du ciel, qui incitent les gens à chercher en eux la chaleur qui leur manque, mélodies très intérieures, servies par des voix aux timbres doux et ronds. De l'autre, des thèmes colorés, souvent très rythmés, marqués par des percussions très relevées, et projetés par des voix aussi lumineuses, éclatantes, brûlantes que la lumière qui baigne le décor, et qui laisse de grosses taches d'ombres épaisses. La voix du nord exprime ce qui ne se voit pas dans l'être humain, elle est prise de conscience de sa vie intérieure, moyen de briser sa solitude. Celle du sud met en évidence ce qui se voit, ce qui est conforme à l'image sociale, au rôle joué par l'individu, pour cacher le jardin personnel qui doit demeurer secret.

Si la langue est le génie d'une civilisation ou d'un peuple, résultat d'une longue série d'évolutions, d'influences, elle est, comme la voix, fonction du cadre dans lequel elle se développe. Le folklore chanté, résultat du cadre humain, social, culturel et traditionnel en est une des manifestations les plus frappantes.

On peut déjà constater que la voix chantée, dite naturelle ou spontanée, joue deux rôles bien distincts. Le premier est de sortir l'individu de son isolement intérieur, de lui permettre d'exprimer ses sentiments profonds, ses états d'âme, le second, de rassembler les individus d'une même communauté afin de partager les préoccupations collectives.

Emettre l'hypothèse que le chant religieux est né de cette manière ne fait pas prendre de risques démesurés. Parmi les préoccupations générales, tant d'inconnues, de risques, de craintes, de besoins communs s'opposent à la survie du groupe, que le rassemblement dans une volonté unique, qui s'exprime d'une voix unique, s'avère la manière la plus efficace d'attirer la bienveillance des forces supérieures. Face aux dieux, l'être humain s'identifie à son groupe, et pour renforcer cette identification, pour bien marquer la différence qu'il fait entre lui, mortel et faible, et les dieux, éternels et tout puissants, il crée un mode de communication qui tient compte du respect dû aux dieux, chefs suprêmes, chefs au-dessus des chefs temporels, et auxquels il se doit de marquer encore plus de respect. Si la manière dont on s'adresse aux dieux ne leur plaît pas, ils se vengent.

On codifie donc la langue sacrée, on crée des rituels qui fixent précisément les modes de communication, afin d'éviter d'attirer, par l'erreur ou l'ignorance d'un seul, le courroux des dieux sur tous. Ces rites sont les premiers éléments enseignés, les plus importants aux yeux de la collectivité, ce qui augmente, croit-elle, sa chance de survie. Parmi ces moyens, la prière, l'incantation, le sacrifice, la danse, et, dans le domaine qui nous intéresse plus précisément, le chant, chant d'assemblée ou incantation du prêtre : le chant sacré.

On voit que très précocement, il y a eu des manières différentes d'utiliser sa voix, des modes vocaux adaptés à un rôle... et ceci, probablement de tous temps.Nous verrons ultérieurement que les civilisations, en se développant, en ont créé d'autres, répondant à des besoins, à des modes, s'adaptant à la complexité grandissante des rapports humains et sociaux.

On peut déjà distinguer trois grands domaines, dont tous les autres ne sont que développements et diversifications :

— La voix chantée ou parlée, naturelle, individuelle.

— La voix chantée ou parlée collective.
— La voix chantée ou parlée rituelle (ou religieuse).

A chacun de ces types peuvent être associés des circonstances, des comportements, et des langages particuliers.

Bien que ces différents domaines s'interpénètrent au cours de l'Histoire, nous allons tenter d'en suivre succintement l'évolution et d'en tirer quelques conclusions. On peut déjà faire une remarque préliminaire importante. Si la voix parlée suit l'évolution de la langue, celle de la voix chantée fait partie de la musique, en général, dans laquelle elle a été, dans tous les genres, l'instrument privilégié. Notre parcours de la voix chantée va donc suivre celui de l'évolution de la musique, et, afin de ne pas compliquer inutilement les choses, nous allons séparer les trois domaines principaux, autant que faire se peut.

2. LA VOIX DANS LE CHANT RELIGIEUX

Parmi les traces anciennes que nous avons de la musique religieuse, les modes grecs, à la base de tout le système musical occidental, sont les mieux connus. Hélas, si nous savons que tel mode (majeur, mineur, font partie des sept modes de la musique grecque) était utilisé pour célébrer le culte de telle divinité (dans certains cas, l'utilisation dans des circonstances inadéquates, d'un mode réservé, pouvait être punie très sévèrement), il nous est impossible de savoir si l'on adoptait également un mode vocal précis, ou une tessiture particulière, ce qui n'est pas impossible. On connaît cette pratique dans certaines religions animistes.

Nous avons vu la nécessité pour la musique religieuse de pouvoir être « normalisée ». Cette normalisation est d'autant plus nécessaire au christianisme naissant qu'il se heurte à de multiples oppositions. Elle sert également de signe de ralliement, de moyens d'identification. Mais l'essor de cette nouvelle religion, relativement rapide, sa dispersion géographique l'exposent dès l'origine à un risque d'éclatement. Le rituel et la musique sacrée vont être, avec les instructions venues de Rome, un moyen de conserver l'unité.

La notation musicale grecque, assez sommaire, a probablement inspiré Boèce, le poète latin du ve siècle, à qui l'on attribue d'avoir baptisé par une lettre de l'alphabet romain chacun des degrés de la gamme diatonique. Au VIe siècle, le pape Grégoire se trouve devant la nécessité d'imposer une unité romaine, afin de lutter contre les menaces de division de l'Eglise par Byzance et les Lombards. Il instaure une série de réformes de l'église et réorganise le chant sacré (grégorien).

Au VIIe siècle, une nouvelle notation musicale est développée, les « neumes » : série de signes sténographiques destinés à rendre perceptibles à l'œil les déplacements vers le haut ou vers le bas de la gamme, l'aspect général des intervalles et des sinuosités approximatives du chemin suivi par la phrase musicale.

La portée de quatre lignes, qui simplifie la lecture des neumes en précisant leur situation, s'impose au XIVe siècle. Au XVIe siècle, enfin, triomphe la portée de cinq lignes que nous connaissons, ainsi que la barre de mesure. Cette notation musicale remplacera également la tablature pour les instruments qui, comme le luth, l'emploieront encore couramment jusqu'à la fin du XVIIe. La tablature, dans ce cas, est la notation de la position physique des doigts sur le manche du luth, figurée par des chiffres écrits sur des lignes représentant les cordes, encore utilisée actuellement dans les méthodes de guitare. Ce sont ces lignes qui sont devenues les lignes de notre portée musicale.

Après avoir mis au point une notation de la musique sacrée, l'Eglise définit également la manière de chanter, ou de dire les textes sacrés. Elle emprunte aux rites hébraïques deux techniques essentielles : la « psalmodie » qui met en relief l'accentuation des paroles sacrées, et le dialogue « antiphonique » qui répartit entre les officiants et les fidèles, entre un chantre et la foule ou entre deux groupes de choristes, les versets des Psaumes empruntés aux Saintes Ecritures.

Elle définit également la notion de l'esthétique agréable à Dieu, dans l'architecture comme dans la musique. Pendant des siècles, le seul instrument admis est la voix, puis l'orgue, qui apparaît entre le Xe et le XIe siècle. Mais la musique à l'église est soigneusement contrôlée. Elle doit, dans un premier temps, élever l'homme qui loue Dieu, le désincarner, l'éloigner de son corps, et de toutes ses manifestations, principales sources de péché. Toute trace de sensualité, de sexualité en est bannie. La méfiance de l'Eglise à l'égard de la musique est d'autant plus grande qu'elle incite l'être humain à pécher, puisqu'elle permet au Diable de s'emparer du corps de l'homme en développant sa sensualité et sa sexualité.

Le chant grégorien ou plain-chant est un exemple caractéristique de l'utilisation d'une voix codifiée, différente de la voix naturelle, à des fins particulières. L'importance qu'attachent les responsables de l'Eglise de cette époque, à la manière d'entonner les chants sacrés, démontre à quel point ils sont conscients du rôle joué par la voix dans la relation. Dieu, à leur idée, sera plus tolérant à l'égard des prières et des louanges des humains, si ceux-ci combattent dans toutes leurs actions, a fortiori lorsqu'ils s'adressent à Lui, le Péché qui les corrompt. Or, dans l'idée du clergé de cette époque, toutes les manifestations affectives qui portent la moindre trace de sensualité, donc de sexualité, sont généralement le signe de la présence du Diable. Il ne faut pas oublier que Dieu, le Diable, le Paradis, l'Enfer, font partie de l'univers quotidien de l'homme du Moyen Age.

La voix dans le chant sacré se doit d'être « extra-humaine », angélique. Une manière de dire les textes, de les chanter, qui ne laisse pas transparaître d'émotion, qui unifie, égalise l'assemblée, qui fait prendre conscience à l'individu de sa petitesse par rapport à la beauté divine.

Le plain-chant est ainsi nommé parce qu'il est « plat », monochrome, sans relief. La mélodie n'est là que pour mettre en valeur le texte. Elle évite tout accent « musical » et suit strictement la prosodie latine. La voix doit se retrancher derrière le texte, elle n'est que support ; le « chanteur » ne s'exprime en aucun cas personnellement, il ne fait qu'appliquer les règles qu'on lui a apprises, et qui sont enseignées encore aujourd'hui à l'Abbaye de Solesmes, spécialiste de la technique du grégorien depuis des siècles.

3. LA FEMME INTERDITE D'ÉGLISE

Le pape Hilaire, au ve siècle, se base sur l'Epître aux Corinthiens de l'apôtre Paul, pour interdire l'entrée de l'église aux femmes. Les femmes ont le droit d'assister aux offices en restant devant les portes ouvertes, d'où le nom de « parvis des femmes. » L'intérieur leur est interdit.

Les chants sacrés sont donc du domaine des hommes, exclusivement. Aux voix d'hommes s'associent les voix des jeunes garçons, futurs prêtres ou moines en formation.

Tant que la musique sacrée se limite à du chant monodique, la situation reste stable. Mais les techniques artistiques évoluent, et la polyphonie fait son apparition, d'abord timidement (organum, bourdon), puis s'impose, exploitée et développée par la musique profane. La tessiture (étendue de la gamme utilisée par un instrument ou une voix) s'élargit par l'addition des voix différenciées. La formule polyphonique trouve sa maturité avec 4 voix (basse, ténor, alto, soprano) et passe de 1 octave + une tierce à 3 octaves, pour la musique chorale, au milieu du XVe siècle.

L'Eglise, bien qu'ayant assoupli son attitude à l'égard de la femme, ne lui donne pas le droit de chanter les parties liturgiques durant les offices. Les instruments, interdits jusque-là, mis à part l'orgue, font leur apparition, joués exclusivement par les hommes, dans les nefs de plus en plus décorées. Une nouvelle image de la beauté divine éclate à la Renaissance, dont nous connaissons tous les merveilles. Mais là encore, aucune femme n'a le droit de jouer un rôle dans le déroulement des cérémonies religieuses, si ce n'est chanter dans l'anonymat de l'assemblée, ce qui n'avait lieu que rarement. En effet, l'assemblée assiste à la messe et n'y participe que peu.

Cette exclusion des femmes n'a, dans un premier temps, que peu de conséquences sur le développement de la musique religieuse. Les voix aiguës, devenues nécessaires à cause de l'évolution de l'écriture musicale, sont tenues par de jeunes garçons n'ayant pas encore mué. Comme pratiquement toutes les écoles sont religieuses, le recrutement ne pose aucun problème.

A partir de la Renaissance, la musique religieuse va se distinguer de la musique sacrée qui restera strictement traditionnelle (plain-chant). Le Vatican n'est pas seulement le haut-lieu spirituel de l'Europe, mais également le siège d'une des plus grandes puissances temporelles de l'époque. Les territoires appartenant à l'Eglise couvrent une partie non négligeable de l'espace européen. A l'instar des grands souverains, le pape entretient une cour fastueuse, des architectes, des peintres, des musiciens, des chœurs, des orchestres, pour lesquels on compose motets et messes, destinés à rendre les pompes papales encore plus solennelles.

L'interdiction faite aux femmes de chanter dans les églises persiste et on les remplace par des hommes ayant travaillé particulièrement leur voix de tête, pour émettre les notes aiguës (les sopranistes). Lorsque l'on considère les partitions écrites pour eux, on ne peut qu'admirer la maîtrise obtenue par ces solistes, qui par ailleurs avaient une voix d'homme parfaitement normale lorsqu'ils parlaient. L'essor des voix aiguës travaillées est renforcé par la vogue des castrats. Ces deux écoles, fruits de la Renaissance italienne, se répandent dans toutes les cours et centres religieux européens et disparaissent entre le XVIIe et le XIXe siècle, démodées, et, surtout, concurrencées par l'arrivée des voix féminines. La musique, devenue internationale, fait tomber en désuétude l'interdiction du pape Hilaire (interdiction faite aux femmes de chanter à l'église). Et si, dans certaines régions fanatiques, elle reste en vigueur jusqu'à la fin du XIXe siècle, toutes les cours et toutes les grandes villes européennes l'« oublient ».

4. LES CASTRATS

Les castrats n'appartiennent pas exclusivement au monde musical religieux, mais c'est là qu'ils font leur première apparition, en Espagne et au Portugal, dès le XIIe siècle.

On sait peu de choses quant à l'origine de ce phénomène. L'usage de la castration est connu dès l'Antiquité. Certaines sectes chrétiennes primitives (Valésites) la pratiquaient couramment durant le IIIe et le IVe siècle, pour répondre au vœu de pureté et de chasteté, prolongeant ainsi les mœurs des adorateurs de Cybèle, et assimilant la verge masculine au serpent de la Genèse. L'Eglise, au Concile de Nicée, en 325, interdit formellement la pratique de la castration.

Il semble que l'apparition des castrats dans la musique européenne soit le résultat de la présence et de l'influence de la culture arabe dans le sud de l'Espagne et au Portugal. Certains textes arabes du IXe siècle en signalent l'utilisation dans les nouvelles formes musicales qui se développent à Bagdad. Au XIIe siècle, déjà, ils sont signalés dans la liturgie mozarabe. Au XVe siècle, leur présence est formellement attestée par les registres capitulaires des cathédrales du sud de la péninsule ibérique, où ils concurrençaient les sopranistes et les enfants.

La découverte de la voix des castrats espagnols à Rome au XVe siècle lance un mouvement qui aboutit, un siècle plus tard, à la domination des castrats italiens dans nombre d'églises et d'opéras de toute l'Europe. Au contraire de leurs collègues espagnols, qui se limitent exclusivement au répertoire d'église, les Italiens abordent également l'opéra où ils obtiennent un succès considérable. Leur mode atteint son apogée à la fin du XVIIe siècle, puis décline, jusqu'à disparaître totalement des scènes au début du XIXe (1824), alors qu'il faut attendre 1903 pour que Léon XIII interdise l'entrée de nouveaux castrats dans la Chapelle Pontificale.

Leur disparition est le résultat du changement profond de l'écriture musicale et de l'opposition de plus en plus marquée de certaines parties de la société. Un des arguments utilisés toutefois par les partisans pour défendre cette pratique au XVIIe siècle est le suivant : « La voix est une faculté plus précieuse que la virilité, puisque c'est par la voix que l'homme se distingue des animaux. Si donc, pour embellir la voix, il est nécessaire de supprimer la virilité, on peut le faire sans impiété. Or, les voix de « soprani » sont tellement nécessaires pour chanter les louanges du Seigneur qu'on ne saurait en mettre l'acquisition à un prix trop élevé »... Sans remettre l'interdiction de la castration en jeu, l'Eglise ne s'estime pas responsable de l'opération, qui se passe hors de son cadre. Elle estime qu'il est bon de préserver la musique sacrée de la licence, qui est, d'après elle, apportée par les femmes...

Il est intéressant de signaler qu'à l'âge d'or de cette voix, on estime qu'il y avait de deux mille à deux mille cinq cents opérations par année en Italie.

Malgré les oppositions croissantes, dès le XVIe siècle déjà, renforcées par les courants de la Réforme et de la Contre-Réforme, la voix de castrat prend une place privilégiée dans les opéras. Farinelli (1705-1782), l'un des castrats les plus prestigieux, après une brillante carrière à Rome et à Londres, est appelé à l'âge de 32 ans à la cour de Madrid, où, dit-on, pendant vingt ans, il chante nuit après nuit, pour le roi Ferdinand VI, les mêmes arias, pour calmer les accès de mélancolie dont souffrait le souverain. D'autres célébrités (Tortora, Tosa, Mancini) créent des écoles de chant qui attirèrent quantité d'élèves, castrats ou non, et contribuèrent de manière très importante à l'évolution de la voix chantée dans l'Opéra italien. On peut citer quelques partitions célèbres, destinées aux seuls castrats, comme le *Stabat Mater* de Pergolèse, et l'*Exultate Jubilate* de Mozart. Le dernier grand compositeur à avoir servi la voix de castrat fut Rossini, qui la remplaça progressivement par l'alto féminin.

Dans l'histoire de la voix, l'apparition du castrat est, par ses conséquences, un moment charnière de l'évolution de la voix chantée. Jusque-là, les compositeurs servaient un texte, une construction musicale, plus ou moins savante, ou leur foi. La voix n'est qu'un des instruments de leur palette, et nombre de partitions chantées peuvent être exécutées par un chœur d'instruments. La découverte de cette voix particulière les incite à développer une écriture spécifique, qui la mette en valeur, indépendamment du sujet de la pièce, et par voie de conséquence, ils se penchent sur les possibilités de la voix en général, lui ouvrant toutes les perspectives que nous connaissons. De plus, il semble que les premières écoles de virtuosité vocale, les premières méthodes systématiques de technique vocale, furent développées dans le but d'utiliser au maximum cette voix étonnante, souvent par les castrats eux-mêmes, dont l'acharnement au travail était célèbre.

Si la musique sacrée (chant grégorien) et la manière de la chanter n'ont pas ou peu changé depuis des siècles, la musique religieuse a suivi l'évolution de la musique profane à partir du XVe siècle, traversé les mêmes modes, subi les mêmes transformations, ainsi que les voix qui la chantent et les ensembles qui la jouent.

5. LA MUSIQUE PROFANE

Nous avons vu que la musique profane s'oppose à la musique sacrée dans la mesure où elle s'adresse aux hommes. Qu'elle soit utilitaire (danse), ou décorative, qu'elle obéisse à des critères traditionnels ou esthétiques. Elle est le pont qui lie l'individu et la société, un des moyens pour le groupe de symboliser son unité, son entité.

La voix, unique instrument mélodique pendant des millénaires, s'oppose aux instruments de percussion (mains, bois frappés, tam-tam,) bientôt accompagnée par des flûtes et quelques instruments à cordes primitifs. Mais la voix reste le moteur musical essentiel.

L'évolution de cette musique suit celle du milieu et des mœurs. La société se divise en groupes hiérarchisés, la musique suit la division, chaque groupe cherchant un mode d'expression artistique et musical propre. Ce qui est vrai pour la musique sacrée, l'est également dans la hiérarchie sociale. Au peuple, une musique populaire, qu'il peut chanter lui-même, aux notables, une musique plus recherchée, mise en valeur par des spécialistes, qui perfectionnent sans cesse leur art.

Cette scission donne naissance à deux genres différents qui, pour être distincts, se sont néanmoins constamment influencés. De la musique de rue ancienne, il ne nous reste que des traces écrites par une élite qui y puisait souvent son inspiration. Si certaines mélodies, certains textes nous sont connus, nous ignorons tout de la manière dont ils étaient chantés, comment on les accompagnait. Seule l'élite écrit au Moyen Age. Et de fait elle ne conte que la vie de l'élite. Mais on peut parfaitement imaginer que les premiers troubadours, lorsqu'ils n'étaient pas issus de la noblesse, ce qui était souvent le cas, ne devaient pas avoir un répertoire différent dans la rue, ou devant un seigneur, qui, ne l'oublions pas, ne vivait guère mieux que ses sujets jusqu'au xe-xie siècle, à de rares exceptions près.

Avant la naissance de la poésie courtoise, l'essentiel des textes chantés est formé d'épopées chevaleresques ou de fabliaux comiques. Le contenu de l'histoire est plus important que la manière de le dire. Il est probable que les instruments dont s'accompagne le chanteur servent plus à créer une ambiance qu'à soutenir une mélodie. Il dit plus les textes qu'il ne les chante. Mais on peut imaginer qu'on chante tout de même beaucoup dans la rue et dans les auberges, sans pour autant que des traces en soient restées, lorsqu'on voit à quelle vitesse se propage la poésie courtoise.

La musique jouée dans les cours des seigneurs apparaît tout d'abord dans le sud. Elle est, avec un certain art de vivre, un besoin d'améliorer l'esthétique du cadre de vie, d'élargir les connaissances (mathématiques, astronomiques, philosophiques, poétiques), un apport de la présence des Arabes, dans le sud de l'Espagne. La vogue des troubadours envahit la France depuis le sud. La cour de Toulouse, par exemple, est connue pour ses fastes et les joutes poétiques qui s'y déroulent, jusqu'à la dramatique croisade des Albigeois. Les fastes de cette cour raffinée rayonnent alors dans le nord et nombre de seigneurs, petits ou grands, dont quelques femmes, sacrifient à cette nouvelle manière de vivre et de s'exprimer.

Lorsqu'on écoute les chansons d'un Thibaud de Champagne, par exemple (1201-1253), on est immédiatement frappé par la consonance mozarabe de ses mélodies, par la façon dont il module la voix, proche de la musique populaire actuelle du nord de l'Afrique. Peut-on dire qu'elles étaient chantées de la même manière ? Les consonances de la langue française naissante de l'époque étaient quand même fort différentes, et la voix devait être placée différemment. Mais on peut admettre que la musique chantée dans tout le Languedoc était issue de celle de l'Espagne. La symbiose culturelle hispano-arabe, par son apport de connaissances, de règles esthétiques et philosophiques, par son niveau de civilisation très avancé, par rapport à ce qui se passe dans le reste du continent, est un des berceaux de la poésie et de la musique européenne.

Le travail d'unification de l'Eglise, d'une part, l'influence politique de plus en plus prépondérante du nord, d'autre part, vont peu à peu rejeter les acquis du sud. La fermeture des Pyrénées et l'importance grandissante du pôle d'attraction qu'est devenue Rome, aussi bien sur le plan politique que culturel, stimulent les échanges commerciaux, et facilitent l'interpénétration des différents modes d'expression.

A partir de ce moment, on assiste à une évolution qui va séparer progressivement les arts populaires des arts de cour. Les instruments, communs aux deux, à l'origine, souvent issus d'instruments arabes (luth, ancêtres du violon, de la guitare,) vont être perfectionnés afin d'en affiner, d'en améliorer le son. La voix suit le même chemin, et les sujets des chansons, alimentés par la poésie en plein essor, se diversifient. A la manière de chanter traditionnelle, on substitue une autre, qui emprunte à celle de l'église le choix d'un timbre de voix spécifique, étudié et non simplement naturel. Il s'agit, en effet, de distinguer les arts nobles des arts vulgaires. Les instruments suivent les mêmes tendances.

Du sacré, également, la musique de cour emprunte une signification philosophique, lorsqu'elle n'est pas simplement musique de danse, décorative et utilitaire. On commence à l'écouter pour elle-même et lorsqu'elle supporte un texte, elle se doit, par son choix harmonique et mélodique de le mettre en valeur, d'en renforcer le sens et l'atmosphère.

Les conventions et règles d'écritures évoluent parallèlement aux différents styles qui naissent, et qui, eux-mêmes, illustrent parfaitement l'éclatement des préoccupations de l'époque. Il y a de bonnes raisons de penser qu'au début de la Renaissance, il existait une série de conventions d'interprétation, donc de manière de dire et de chanter qui dépendait du genre abordé. Les traces de ces conventions se sont prolongées de manière plus évidente dans le théâtre et l'art lyrique (Commedia dell'Arte, opéra comique, comédie, tragédie).

De la musique sacrée à l'opéra

Au début du XIVe siècle, on peut schématiser l'utilisation de la voix chantée de la manière suivante :

— **La musique sacrée** respecte la tradition, et perpétue les règles mises au point par les autorités ecclésiastiques durant les siècles précédents. La manière de chanter le grégorien n'a probablement que peu changé jusqu'à nos jours.

— **La musique religieuse** (jouée et admise dans les églises) suit l'évolution des modes locales et temporelles. Elle emprunte à la musique profane les nouveaux instruments, de nouvelles techniques d'écriture. L'interdiction faite aux femmes de chanter dans l'église l'oblige à diversifier le chant masculin, sous peine de perdre le bénéfice des perfectionnements apportés par la musique profane. Comme l'Eglise détient pratiquement le monopole de la formation musicale, et qu'elle est le plus grand employeur des musiciens qu'elle forme, les techniques et les styles mis au point en son sein auront jusqu'à nos jours d'importantes répercussions sur l'évolution de la musique profane.

— **La musique profane,** d'abord exclusivement utilitaire (danse) ou d'évocation, calque son évolution sur celle de la société. Vécue au présent uniquement, elle change avec les modes et se caractérise selon le milieu social auquel elle est destinée et se divise elle-même en quatre genres principaux :

- ***La musique folklorique,*** très traditionnaliste, qui maintient l'identité régionale et linguistique et se réfugie de plus en plus dans les campagnes, ne suivant que de loin, et avec un retard allant croissant, les modes de la ville. Elle ne subit que peu de modifications avant le XIXe siècle. La voix favorise plutôt la langue et l'accent régional, ainsi qu'une émission vocale naturelle, par opposition au raffinement de la ville.

• ***La musique populaire,*** de même origine que la musique folklorique, profite de l'émulation due à la proximité des tenants du pouvoir, dont elle peut observer les rites et les fastes. Elle crée également son propre langage, ses propres modes, souvent en réaction, voire en opposition à ceux des grands. Elle imite les manières en cours chez les seigneurs, les caricature, et donne ainsi naissance à de nouveaux styles, que les victimes sont les premières à adopter et à propager. La tendance de cette musique vise à créer de nouveaux genres nobles, indépendants de la classe sociale. Ses créations sont de loin les plus dynamiques ; elles portent en elles une grande partie des mouvements qui lui succéderont.

• ***La musique savante,*** privilège d'une minorité, s'appuie sur un esthétisme, sur des canons de beauté qui n'ont cessé de se perfectionner et de s'affiner. Fruit d'une réflexion philosophique, d'une certaine idée du monde aussi bien que d'une compétition entre les cours, elle rassemble ce qui existe de plus perfectionné, les plus beaux instruments, les meilleurs compositeurs, les musiciens et chanteurs les plus virtuoses. Elle profite directement de ses relations privilégiées avec l'Eglise pour prendre à son service les meilleurs musiciens dont celle-ci dispose.

La voix y est à l'image du reste, elle se doit de répondre aux canons de la beauté, telle qu'on la conçoit à l'époque, dont l'architecture et la peinture nous donnent maints exemples. Le timbre est très travaillé, probablement précieux. La ligne mélodique très ornée doit être réalisée avec élégance. Si le thème de la chanson est de souche populaire (ce qui est souvent le cas, avec la réciproque, lorsque la chanson en vogue à la cour plaît à la rue), il doit être agrémenté ; on doit en avoir ôté toute trace vulgaire. Au contraire de la musique populaire, elle est internationale, et les grands musiciens parcourent toute l'Europe, lancent des modes qu'imitent leurs collègues des pays visités.

• ***L'opéra,*** dont la naissance réelle est un peu plus tardive, mais dont tous les éléments sont déjà présents au début de la Renaissance.

La suite de l'histoire musicale ne va que renforcer, diversifier ces tendances. Certaines charnières, comme la Réforme, la Contre-Réforme et leurs conséquences, les grands mouvements nationalistes du XIXe siècle, l'exotisme à partir de la seconde moitié du XIXe, vont bouleverser les directions de l'évolution, mais ne changeront pas fondamentalement les composantes, relativement stables, reflets de la société et de son organisation. Il faut attendre le xxe siècle, pour assister à une remise en cause des valeurs, à l'échelle mondiale, et la musique, comme tous les arts, subit actuellement une métamorphose, dont la voix n'est pas la moindre des « victimes ».

A la lueur des quelques indications que nous venons de donner et qui ne font que situer certaines grandes lignes du cadre dans lequel évolue la voix, nous pouvons tirer déjà un certain nombre de remarques :

— Le concept « voix » apparaît seulement à partir du moment où celle-ci se dégage du contexte langage parlé et joue un autre rôle que celui de support de la langue. En effet, la voix ne peut avoir d'existence en tant que telle qu'à partir du moment où elle peut, tout en étant isolée, se suffire à elle-même pour s'exprimer.

— La voix dite « naturelle » n'est nommée ainsi que par le fait qu'elle ne subit pas d'apprentissage ou d'entraînement conscient, ce qui revient à considérer comme négligeables sa formation par le truchement de la langue maternelle, et l'influence considérable qu'elle subit à l'écoute du milieu dans lequel évolue son propriétaire. On pourrait dire que la voix « naturelle » est celle qui n'a subi qu'un apprentissage au premier degré (aussi bien pour la parole que pour le chant). Cette voix répond donc, comme les voix « travaillées », à une esthétique, mais non consciente. En aucun cas elle ne peut être considérée comme neutre. Il suffit pour cela d'observer les types de voix induites par les différentes langues maternelles et les ethnies. La voix est, au premier chef, reflet du milieu dans lequel elle s'est développée. Et ceci reste vrai pour la voix chantée.

— Le besoin d'améliorer une qualité vocale répond toujours à un besoin de changement de statut personnel, à un élargissement du langage, donc du milieu auquel on a accès. C'est vrai également pour le chanteur qui, musicien, aspire à élargir son horizon musical et humain en améliorant la qualité et la maîtrise de sa voix, non seulement pour avoir accès à un répertoire et un milieu qu'il estime prestigieux, mais également pour obtenir le consensus maximum du groupe social dont il aimerait devenir un représentant ou une image idéalisée.

Il y a donc bien, non seulement une, mais des « voix naturelles », ou devenues telles, dont les caractéristiques sont déterminées par le milieu qu'elles représentent ou auquel elles sont destinées. « Naturel » est entendu ici comme ne donnant pas l'impression d'artifice, de déguisement ou de difficulté. Lorsqu'un chanteur d'opéra donne l'impression de difficulté, c'est qu'il n'est pas un bon chanteur d'opéra. Il doit au contraire donner l'impression d'une émission facile, « naturelle ». Ce qu'on peut parfaitement rapprocher de la manière « naturelle », donc aisée, de parler une langue étrangère, de prendre ses accents, ses intonations.

Il est possible, en observant l'évolution de la voix chantée à travers les principaux genres qu'elle a adoptés, de discerner certains courants. Parmi ces genres, un des plus importants est incontestablement la chanson, d'une part par son rôle dans l'Histoire et d'autre part par la marque indélébile qu'elle trace tout au long de l'évolution des mœurs et de la politique.

6. **LA VOIX ET LA CHANSON**

Par définition, la chanson est une « petite composition musicale de caractère populaire, sentimental ou satirique, divisée en plusieurs couplets et destinée à être chantée. »

Dans cette acceptation, la chanson est le point de rencontre entre un texte, court et structuré, de sujet variable, et une musique adaptée. Pour être populaire, elle doit être simple et facile à saisir, pour le demeurer, répondre à la mode en cours. Mais l'Histoire nous montre que, plus que les grandes œuvres, la chanson a marqué les événements, les a parfois provoqués, en a modifié le cours.

Chanson, la bergerette du XVIIIe siècle que chantent les dames de Versailles, la voix émue, louant l'amour et la nature, mais chanson également, le « Ah, ça ira », scandé par la foule, lorsque leurs belles têtes emperruquées et poudrées tombent dans le panier, quelques années plus tard.

Chanson, le « Il pleut bergère... » de Fabre d'Eglantine, jeu d'esprit, au sens ambigu, apparemment naïf, et chanson aussi le « Temps des cerises », cri de désespoir des assiégés de Paris, pendant la Commune en 1871.

Chansons toujours, « J'ai le foie qu'est pas droit... », avec laquelle le célèbre Ouvrard fait rire les troufions sur les scènes militaires de la guerre de 1914-18, « Lili Marlen », où la voix rauque de Marlène Dietrich fait rêver les soldats des deux camps durant la guerre de 1939-45, chansons encore, les couplets ironiques et mordants de Pierre Dac à l'adresse de Doriot et des Allemands, destinés à les ridiculiser, et tellement efficaces que les nazis mettent la tête du compositeur à prix, et le « Je t'aime, moi non plus... » de Gainsbourg qui scandalise l'opinion française des années 1970 et fait naître indignation et éclats de rire.

On le voit, une classification s'avère difficile.

La chanson aborde tous les sujets, s'adapte à toutes les situations. Qu'elle ait des prétentions poétiques, ou qu'elle soit en vers de mirliton, elle traverse l'espace, le temps, défie apparemment toute esthétique. Son seul critère est de plaire. Elle n'existe que si la rue s'en empare.

La chanson, c'est l'anti-dissertation, qui ne raisonne pas, mais exprime des images immédiates, accessibles à tous, directes ou indirectes. Elle est peut-être le seul domaine où l'on puisse se permettre de n'avoir rien à dire, et de le dire... ouvertement, sans se cacher. Personne n'en voudra à l'auteur, bien au contraire. On se méfierait plutôt de la chanson qui veut dire quelque chose... On la critique, on en stigmatise la futilité, mais personne n'y échappe, pas une couche de la population, pas un secteur de la société. Il y a des chansons bon chic, bon genre, religieuses, bien-pensantes, à boire, à manger, légères, lestes, d'amour, tristes, gaies, de marins, de soldats, de corps de garde...

A tant de chansons, tant de chanteurs, tant de voix. Une mode chasse l'autre, une vedette remplace une autre vedette. Chanson-refuge, chanson-reflet, elle a pris place dans notre vie, caresse ou agresse nos oreilles par radio ou TV interposées, s'impose dans les cafés, dans la publicité, dans nos amours, comme point de repère, comme souvenir, comme épine que l'on ne peut extraire...

Et avec elle une voix..., des voix...

A se demander si la voix fait la chanson, ou la chanson la voix, on finit par réaliser que l'une et l'autre sont indissociables et forment un couple.

Pour devenir un succès, la chanson doit posséder une couleur propre, un son et une harmonie particuliers. Moins apparent avant la guerre 1939-1945, ce phénomène en est aujourd'hui un des plus grands stimulateurs, car la chanson, la variété, sont devenues également un marché, un énorme marché dont l'importance économique n'est plus à démontrer.

Exutoire des problèmes du moment, ou moment de rêve pour y échapper, elle finit par devenir refuge pour ceux qui s'y laissent prendre, tant elle est reflet de la vie, miroir aux alouettes, image de notre société, édulcorée, élaguée, idéalisée aussi. Contestataire ou fleur bleue, elle s'adapte constamment et fait face à toutes les situations.

Et les voix ? Comment comprendre rationnellement la vogue simultanée de genres et de voix si différents, si nombreux ?

Lorsque les villes de la Renaissance prennent leur essor et découvrent leur puissance, elles font éclater l'homme de la rue, celui qui, jusque-là, n'avait rien eu à dire. Il trouve son langage propre, invente ses propres modes, et n'est pas heurté par les contradictions apparentes de ses choix. Si un air lui plaît, il l'adopte ; si un chanteur le défend mieux que lui, il l'écoute et devient auditeur ; s'il découvre que sa voix plaît, il devient interprète, et, souvent, crée ses propres chansons, son propre répertoire, espérant ainsi prolonger et garantir son succès.

On peut imaginer que Clément Marot, ou Pierre Certon, lorsqu'ils caricaturent les motets religieux ou les madrigaux galants, dont ils sont eux-mêmes de brillants auteurs, le font pour se rapprocher de la rue, pour entendre leurs œuvres dans les cabarets. Ils n'hésitent pas, à cette fin, à greffer latin de cuisine et grivoiseries sur des musiques religieuses ou savantes. Jeux d'esprit d'une société qui avait moins peur des mots que la nôtre ou critique, satire ? Il est certain que l'effet comique recherché ne passe que si la manière de chanter abonde dans le style apparent de la pièce. Il existe donc, lié à un genre, un style d'interprétation, une manière de chanter caractéristique. Plus raffinée est la musique et son interprétation, plus grasses sont les paroles, plus grand est l'effet comique.

Des clubs politiques du XVIIIe siècle, aux cabarets du XIXe et du XXe siècle où elle brocarde les autorités et le pouvoir, des salons littéraires où, manifestation spirituelle ou poétique, elle séduit et charme le grand monde, aux music-halls du XXe siècle où elle donne le ton aux divertissements populaires, la chanson touche à tout. Rien n'est épargné.

Il est donc difficile dans ces conditions d'extraire un ou plusieurs types de voix. Tous peuvent, à un moment ou à un autre, être à la mode, indépendamment d'une notion d'esthétique.

L'invasion de la culture populaire anglo-américaine a bouleversé profondément la notion même de musique et de chanson populaire. Les exemples que nous citons ne servent qu'à illustrer la diversité du genre. Tentons d'en dégager les tenants et aboutissants.

On peut établir deux catégories principales :

— **la chanson à texte,** qui recouvre la chanson politique, poétique, satirique, dont le texte, son sens, sa qualité sont primordiaux, quel qu'en soit le sujet.

— **la chanson de mode,** à laquelle appartient la chanson d'amour, de charme, de danse, exotique, et dans laquelle la musique et l'interprétation jouent un rôle beaucoup plus important. Elle touche en général un plus grand public, et peut aussi faire partie des chansons à texte.

On peut dire que, d'une manière générale, jusque dans les années 1950, le chanteur à la mode « a de la voix ». Non pas une voix d'opéra, trop puissante, trop travaillée, mais plus légère, comme celle de l'opérette qui en a fixé l'image pendant la seconde moitié du XIXe. Ce type d'émission chantée laisse plus place au caractère personnel, attachant, comique, émouvant, gouailleur, de l'interprète. Dans la langue française, les « r » sont roulés. Une certaine technique de chant est nécessaire car il s'agit d'être assez puissant pour passer dans la salle et ne pas être couvert par l'accompagnement.

L'usage du micro est inconnu en direct et sera introduit dans la fin des années quarante par Jean Sablon, qui élargit d'un coup les possibilités expressives du chanteur. Il pourra dorénavant défendre un répertoire ou se faire un nom, sans forcément posséder une belle voix. Il va également pouvoir sortir du cabaret, réservé à la chanson intime ou à texte, et aborder un public plus large, des salles plus grandes. De fil en aiguille, il va pouvoir disposer de toutes les couleurs imaginables de l'orchestre, plus tard élargi aux instruments électroniques, et créer des effets inconnus auparavant. De ce fait, la chanson, et la manière de chanter, vont se débarrasser de plus en plus de ce qui les lie encore aux techniques de chant nécessaires avant l'amplification. Le disque, la radio, et la télévision ne vont qu'accélérer le mouvement.

Ce qui frappe, lorsque l'on écoute un vieux 78 tours, c'est le soin avec lequel l'artifice dû au travail de l'émission vocale est apparent. Les conventions et les critères esthétiques vont systématiquement dans le sens du rapprochement avec la « grande musique ». Il faut convenir que les conditions matérielles et acoustiques étaient semblables, et les contraintes (puissance, grandeur de l'auditoire) imposaient les mêmes artifices.

Que Tino Rossi, et Maurice Chevalier, si différents, aient pu connaître simultanément le même succès s'explique assez facilement. Tous les deux représentent une image du séducteur français. Tino, le latin, mystérieux, à la virilité non agressive, à la voix ronde, très haut placée, est prometteur de douceur, de félicité dont la trivialité est absente. Il peut chanter l'Ave Maria de Gounod, Petit Papa Noël, en passant par Catarina bella (tchi, tchi...), son répertoire ne risque pas de choquer. Il n'a pas la prétention de transmettre un message, et le personnage, discret, gentil, souriant n'a pas de relief particulier. Mais sa voix est caresse, douceur, volupté, elle susurre des mots que chaque jeune fille, chaque femme, dans ses rêves, aimerait entendre. De plus, son physique, mis en évidence par des vêtements et une coiffure à la mode, le font ressembler à ces grands séducteurs américains, romantiques, que l'on voit sur les écrans; ces séducteurs nouvelle cuvée, dont Hollywood, va diffuser un stéréotype dans le monde entier. Ils auront pour rôle d'incarner l'homme « civilisé », aux pulsions profondes parfaitement maîtrisées, au courage et à la ténacité sans faiblesse, à la violence canalisée pour la défense du faible. Bref un chevalier, qui aurait perdu son armure et sa rugosité, un prince charmant de conte de fées.

Cette vision a aujourd'hui encore ses prolongements, et cette manière de rêver de nombreux émules, dans le monde entier. Séducteur latin, mais en version doublée, style U.S.A., Frank Sinatra, et ses collègues et émules, « crooners » dont les « fans » furent légions : Bing Crosby, Gene Kelly, Dean Martin, Perry Como.

Phénomène plus récent, et juste retour des choses, c'est de l'Europe que vient « le séducteur », un latin, et un vrai, celui-là, un authentique : Julio Iglesias, dont le style est en totale réaction avec la violence de ces dix dernières années. Orchestrations douces et riches, thèmes dont le moins qu'on puisse dire est qu'ils ne sont pas brûlants, accent espagnol soigneusement entretenu, il perpétue l'image du bel hidalgo au sang chaud et au cœur tendre, amoureux idéal parce que latin, à la virilité non agressive sans ambiguïté, au contraire de Tom Jones, Mike Jaegger ou David Bowie, et dont le sourire rassure. C'est un support suffisamment neutre pour les rêves du public, un Rudolph Valentino de la chanson. Valentino, dont on ne peut manquer de rappeler ici que, bien que représentant l'idéal viril de millions de femmes, sa sexualité était mal définie, sa voix haut perchée frisait le ridicule. Quant à la voix d'Iglesias, elle n'a rien de bien particulier, si ce n'est qu'elle caresse, va droit « aux sens » ! Sa carrière de footballeur célèbre, toutes les aventures qu'on lui prête généreusement, et qu'il dénie (très demandé, mais fidèle...), contribuent à dissiper toute équivoque sur sa virilité.

On le voit, dans ce cas, comme dans de nombreux autres, la voix n'est qu'un des éléments de soutien d'une carrière. Les fanatiques diront qu'il a une voix merveilleuse, mais si l'image qu'il donne de lui ne correspondait pas à un de leurs rêves latents, ils ne le remarqueraient sans doute pas. Il ne faut pas oublier non plus l'importance économique que représente un tel succès. Plusieurs dizaines de millions de disques vendus dans le monde entier, un chiffre d'affaires de près d'un milliard de francs. De quoi stimuler les imprésarios et l'équipe chargée d'assurer sa promotion.

Un autre type de séducteur, une autre voix : Maurice Chevalier. Il commence sa carrière un peu avant Tino Rossi. Mais son genre n'est pas du tout le même. C'est le « beau gosse », le titi parisien, avec sa gouaille, son humour un peu canaille, ses clins d'œil coquins, son vocabulaire argotique. Dans l'univers romanesque de l'après-guerre, il incarne le folklore de la province citadine. Son pays, Ménilmontant, sa danse, la java. On aime sa truculence, son insolence légère appuyée juste ce qu'il faut. Sa manière de s'exprimer conserve de ses origines une attitude de camelot, toujours le mot pour faire rire l'assemblée, avec des sous-entendus, qui choqueraient, s'il ne les accompagnait d'un sourire désarmant de candeur, d'innocence ironique. Le personnage est rond, apparemment sans mystère, et ne peut être que parisien, de ce Paris des « petites femmes », dont le charme fait rêver le monde entier. « Son canotier sur le côté... », il le dit lui-même, il traverse la vie donnant toujours l'impression d'être sur une scène de café-concert.

Sa voix, comme sa démarche, possède la même désinvolture. Haussement d'épaules et coups de reins s'y retrouvent. La cohérence des gestes sonores et du physique est sans faille. Avec une « belle voix », Maurice Chevalier serait probablement un inconnu. Dans la musique populaire, le travail du personnage, son style, sont plus importants que la qualité esthétique de la voix.

Dans la même chanson française et pour la même époque, il est intéressant de remarquer que la femme présente une tout autre image. Rina Ketty, Berthe Sylva, Edith Piaf, par exemple, bien que « chanteuses populaires », défendent souvent des chansons dramatiques, voire mélodramatiques, dont le sujet est presque toujours l'amour, désespéré, raté, le rêve à côté duquel on passe. La chanson émouvante qui se penche sur le destin implacable de la femme abandonnée ou rejetée. Ces interprètes racontent parfois une histoire triste *(Les roses blanches),* mais surtout incarnent les personnages de leurs chansons *(Moi j'essuie les verres, au fond du café..., Milord).*

Et lorsqu'il s'agit d'incarner des prostituées, des filles de la rue, leur voix se doit d'avoir des relents d'accordéon triste. On imagine mal Yvonne Printemps dans ce genre de rôle. Mais le public n'est pas le même, et il demande à ces chanteuses autre chose que du rêve. Au contraire. Ce sont elles qui montrent la misère de la solitude, les drames humains. Il leur faut une tout autre dimension personnelle pour passer les frontières.

Edith Piaf, incontestablement une des grandes voix de la chanson française, mérite qu'on s'y arrête un peu. Qu'on l'aime ou qu'on ne l'aime pas, elle a marqué son époque, et son impact est encore grand aujourd'hui, indépendant des modes et des changements du goût du public.

Elle est, par ses origines, sa jeunesse, ses amours malheureuses, le modèle accompli des personnages dramatiques qu'elle chante. Ce qui, pour l'auditoire, n'était qu'une manière de verser une larme, de se rassurer *a contrario,* de vivre un moment d'émotion sans risque, était pour elle la réalité vécue, quotidienne et contre laquelle elle s'est battue jusqu'à son dernier souffle. Il en résulte une vérité dans sa voix, une tenue, une force dans les mots, uniques. Elle ne joue pas ce qu'elle chante, elle le vit, elle l'a vécu. Elle ne joue pas la souffrance, elle souffre. Elle n'est pas belle, ne fait pas rêver. Son jeu de scène est réduit à peu de chose et l'accompagnement de ses chansons souvent peu important. Cette petite bonne femme (1 mètre 50), de santé fragile, d'aspect quelconque, parvient à fasciner son public par sa voix, ou plutôt par ce qu'elle projette dans sa voix !

Esthétiquement, son timbre ne correspond pas aux critères de beauté en vigueur. Un peu traînante, elle s'élève, s'enfle, nasale et fébrile, atteint les limites de l'hystérie, dans laquelle pourtant elle ne sombre pas, se développe comme un long cri de douleur intérieure, résignée, désespérée, où vit pourtant encore le rêve. Elle émet, insinuante et indéfinissable, une brume pleine encore des parfums moites et chauds de l'amour sensuel jamais fini, mais jamais vraiment commencé, toujours en attente. La voix de Piaf, c'est d'abord la voix de la révolte du ventre, le cri d'abandon d'un nouveau-né devenu femme, et qui ne parvient pas à fermer la boucle de l'amour. L'indécence de sa plainte est si grande, son besoin d'amour si énorme, que le public se laisse tromper, n'adhère qu'au drame et ne comprend que l'anecdote. Pourtant il vibre, ce public, et totalement, mais il ne saisit pas pourquoi. La voix de Piaf, c'est aussi une porte qui nous fait pénétrer dans un monde où la peur de certaines réalités a été dépassée, où le sordide, quotidiennement vécu, a dévoilé sans pudeur les aspirations vitales, où le déguisement de nos bonnes manières, de nos conventions, si fragiles, tombe, et nous laisse nus, devant une image imparable, implacable. Quel que soit le degré d'admiration pour Edith Piaf, il nous laisse un arrière-goût de culpabilité indéfinissable, inavouable, lié à ce corps si fragile, et à cette voix, trop grande pour y loger. Dans sa bouche, les textes qu'elle chantait, souvent banals, prenaient une dimension de vérité inégalée et transformaient l'auditeur en voyeur. Piaf, le visage de Piaf, son corps, étaient le seul décor nécessaire et suffisant. L'auditeur y pénétrait et, souvent, s'y perdait.

7. LES CHANGEMENTS DE L'APRÈS-GUERRE

Il est difficile de parler de la voix dans la variété aujourd'hui, sans comprendre la nature des changements apportés ces trente dernières années par l'invasion croissante de la culture anglo-américaine, et par l'internationalisation de la variété. Ceci ne signifie pas que les chanteurs français n'existent plus. Loin de là, mais ils ont subi l'influence des grandes vagues de fond que furent le jazz et le yé-yé, et plus encore ils ont eu à faire face au marché mondial de la variété, apportant de tous les coins de la terre de nouveaux styles, de nouveaux concurrents.

Nous ne pouvons éluder le jazz et ses origines, d'une part à cause des conséquences qui en ont découlé dans la musique populaire, d'autre part, parce qu'il a redonné à la musique occidentale, un peu figée, un peu paralysée par une conception trop intellectuelle, un nouveau souffle, et le moyen de sortir de l'impasse.

Les esclaves noirs, d'origine africaine, importés sur le nouveau continent, sont christianisés... souvent hâtivement. De par leur nature même d'esclaves, on les parque dans des villages réservés, où ils peuvent facilement se réunir. De ce fait, ils se retrouvent et les traditions ancestrales refont surface. Le sens du sacré, le goût de la complainte collective, le besoin du rythme et de la danse les lient et les rassemblent. Les contacts limités qu'ils entretiennent avec la population blanche leur permettent de transformer, d'assimiler les cantiques chrétiens qu'ils ont dû apprendre. Ils les transforment, les adaptent à leur sensibilité, les intègrent à leurs systèmes d'incantation et d'invocation traditionnelles, dans lesquels la danse et le rythme ont une place essentielle. Passant d'une religion à l'autre, ils conservent leur manière spécifique de moduler leur voix, ils adaptent l'harmonie occidentale, adoptent certains instruments tels que cuivres et guitare, dans un premier temps. Ainsi naît le Gospel, musique essentiellement religieuse.

Ces populations exilées racontent les faits bibliques à leur façon, ils les chantent, les dansent, comme ils le faisaient auparavant avec leurs légendes sacrées. Les Blancs ont beau lutter contre ce phénomène, ce paganisme apparent, il ne fait que persister et se renforcer. Mais si les Noirs chantent des mélodies et jouent des musiques dont les harmonies sont proches de notre système, ils le font d'une manière qui leur est propre. La spontanéité est la règle. Sur un canevas simple et systématique, n'importe qui peut improviser, aussi bien avec un instrument qu'avec sa voix. Le chœur dialogue avec le « soliste » et participe ainsi à la création, au jeu du groupe. Car il s'agit bien d'un jeu, jeu sacré, auquel appartiennent aussi bien la joie que la tristesse.

Cette musique essentiellement traditionnelle ne s'écrit pas, et l'on invente sans cesse de nouveaux sons, de nouveaux rythmes. La voix suit cette évolution, et il n'est pas aisé de dire la part qui revient à l'imitation des instruments, aux réminiscences de la musique ancestrale, ou tout simplement à une déformation des timbres, due à l'état de transe dans lequel se mettaient les chanteurs pour pouvoir exhaler leurs espoirs ou leurs plaintes, et les faire partager à l'assemblée qui les soutenait en faisant le chœur. Beaucoup d'accompagnements se faisaient à bouche fermée et les textes articulés n'apparaissaient dans l'assemblée que comme réponse au soliste ou comme introduction, et chaque choriste pouvait prendre la place du soliste...

Il se trouve que pour un esclave affranchi (il y en a beaucoup, après la guerre de Sécession), l'insertion sociale est très difficile. Certains profitent de leur facilité à apprendre la musique, qui contrairement à ce qui se passe chez les Blancs fait partie de leurs moyens courants d'expression, pour sortir de leur condition. Naissent ainsi une école de piano, par exemple, qui reprend les harmonies et les rythmes du gospel, un nouveau style de chansons et de danses, destinés uniquement aux salons et aux bars, le ragtime, musique endiablée pour l'époque, « de sauvage », diront certains. Les Blancs l'apprécient, mais ne veulent pas se commettre en la jouant, ou, pire, en la chantant. Il n'y a pas alors de style chanté et de style instrumental séparés, c'est selon les circonstances et les possibilités.

Les Noirs cherchant à s'intégrer, à se faire admettre, trouvent en Scott Joplin un porte-parole. Musicien noir ayant reçu une formation classique, il est capable d'écrire ce qui jusque-là n'était qu'improvisé. Les orchestres de Blancs, essentiellement des formations de cuivre (brassband), jouent ses compositions dans les kiosques à musique, au grand plaisir des gens de la bonne société. Cette musique nouvelle paraît convenable... De là est issue la musique « classique » américaine qui subira encore beaucoup d'autres influences.

Parallèlement les Noirs développent un autre style, qu'ils réservent d'abord uniquement à leurs réunions. Ils racontent leurs plaintes, le mal du pays d'origine, ils exorcisent leur « cafard », qui devient « blues ». Musique lente, triste, toujours improvisée, elle évolue rapidement vers des formes plus structurées de manière à pouvoir être jouée par de petits ensembles instrumentaux, qui dialoguent avec un ou plusieurs chanteurs, à la manière du gospel. Musique spontanée, elle n'est, dans un premier temps, pas destinée à un public. Véritable « strip-tease » de l'âme, le « blues » n'est pas un spectacle. Trop intime, il ne se partage qu'avec des proches qui participent d'abord avec leur voix, puis avec des instruments. Très vite influencé par le ragtime, le « blues » s'étoffe, se diversifie, et, progressivement, devient « jazz ».

Rapidement, bon nombre de musiciens blancs trouvent cette musique plus vivifiante que la leur, ils l'adoptent... Ce choix aura de grandes conséquences, puisqu'il va permettre à cette musique traditionnelle d'influencer une grande partie de la musique populaire américaine, puis mondiale.

La voix, dans le gospel et le jazz, n'a qu'une obligation, la spontanéité. Il nous est difficile d'imaginer la Callas ou Domingo chantant du jazz... Caractérisé essentiellement par le jeu des mots, des syllabes (parfois sans aucune signification), le rôle de la voix est d'être instrument par le timbre et porteur de message, s'il y en a, par le texte. Plaisir physique, la voix se vit, se crée, et ne répond à aucun critère esthétique. On n'apprend pas à chanter le jazz (ça n'est plus tout à fait vrai actuellement), on le sent. Même aujourd'hui, alors que son évolution le rapproche de l'écriture classique européenne, il n'est pas possible de ne jouer ou de ne chanter que ce qui est écrit. L'interprète, chanteur ou instrumentiste, apporte toujours sa contribution à la création, ce qui est sans rapport avec ce que fait un pianiste jouant une sonate de Beethoven ou un chanteur interprétant un grand air de Verdi. Là, tout peut être transformé, les notes, les rythmes, le timbre de voix. Un musicien ou un chanteur de jazz noir, ne cherche pas à imiter un autre musicien ou à atteindre la perfection et la fidélité de restitution telles que nous les concevons dans le bel canto... Il va, au contraire, créer son propre style, développer sa propre conception du morceau, d'où les innombrables versions d'un même thème (St Louis Blues, Basin street blues, Tiger rag).

La notion d'esthétique n'existe pas pour la voix. Qu'elle soit rauque comme celle de Louis Armstrong, nasillarde comme celle d'Al Johnson (chanteur de jazz blanc, grimé en noir, et qui est la vedette du premier film sonore, *Le chanteur de Jazz,* en 1928), ou ronde comme celle de Nat « King » Cole, elles sont toutes belles, car elles possèdent cette puissance de vie, cette spontanéité inimitables, uniques. Tous ces chanteurs ont en commun ce plaisir de jouer avec les mots et les sons, avec les vibrations qu'ils ressentent, avec la joie de la création en commun, de la « conversation » avec les instruments. Le chant, dans le jazz, procède plus de la danse que de la musique, c'est une danse des sons, un acte essentiellement physique et sensuel, vécu au présent.

Autre manière de chanter du nouveau continent, la « folk music », que le cinéma hollywoodien a largement contribué à diffuser partout avec la « Country music » et le « Blue grass », musique typique chantée par les cow-boys. Curieux mélange des musiques folkloriques irlandaises, celtes, anglaises, allemandes, juives, et cette musique, comme la langue américaine, a trouvé un accent propre, unique. Nous tous, avons dans l'oreille, cette manière si particulière de scander le texte dans les « square-dances », et ce timbre nasillard si caractéristique.

Elle a été, dans les grands moments de crise, un des canaux importants par lesquels les colons, le petit peuple des campagnes, exprimaient leurs plaintes, indignations et révoltes. C'est sur ce style que s'appuient, pour défendre leur mouvement, Joan Baez et Bob Dylan, qui sont à l'origine de la découverte par les Américains d'abord, le reste du monde occidental ensuite, de l'impact politique que peut avoir la chanson. D'où la renaissance des nombreux folklores, celtes, bretons, provençaux, puis calypso, reggae, dans l'idée de faire reprendre conscience des identités ethniques, donc politiques.

Pour Bob Dylan, dont la voix rauque, chaude, soufflée, à peine modulée, s'appuie plus sur le texte et les harmonies adaptées du folksong que sur les critères courants de la beauté, la justesse n'a que peu d'importance. L'accompagnement, tout au moins au début, est très dépouillé, ne comprend souvent que la guitare. La manière de chanter permet dès lors à chacun de chanter un refrain après l'idole, donc de transmettre le message de révolte contenu.

La voix doit plaire, accrocher. Le texte doit porter. Le but recherché est de lutter contre la mainmise du système politico-financier, et la « standardisation » de plus en plus étouffante de la vie des individus et de leurs pensées. Faire redécouvrir aux gens une nouvelle manière de vie, plus saine, et dont la violence est exclue (mouvement hippie, pacifistes, écologistes de tous bords). Par conséquent, plus la voix est travaillée, plus elle s'éloigne de ce qu'elle est censée défendre. De même, l'accompagnement refuse, du moins dans un premier temps, l'apport des instruments électroniques, et redonne vie à bon nombre d'instruments oubliés, tels les harpes diatoniques, psalterions, dulcimers et autres, et, conséquence inattendue, permet une renaissance de la musique du

Moyen Age et un intérêt non négligeable pour la construction des instruments anciens.

La voix, pour les puristes de ce mouvement, a son timbre personnel qui n'a pas besoin d'être modifié par le travail. Le texte est beaucoup plus important que la qualité d'émission et, si besoin est, on adapte la musique à la voix et non le contraire.

Une autre tentative de réaction au système, et qui précède de peu ce mouvement, est le rock-and-roll, défense des jeunes chanteurs blancs contre la vogue sans cesse croissante des chanteurs de charme qu'ils estiment démodés et dont ils ne veulent plus, et la vogue croissante des chanteurs noirs qui les rejette. Un jour, un certain Elvis... met l'accent sur les gestes fous, les mimiques accentuées par le maquillage. Grâce aux projecteurs sur la scène, l'espace s'organise. A l'aide du jeu des flashes lumineux, la vedette s'isole dans un rond de lumière, habite le volume. Une sensation de vitesse, d'envol en dehors du temps, est suggérée par le déplacement des spots lumineux. Elvis Presley excelle dans la manipulation presque inconsciente de son corps. Il s'agite sur une jambe, accentue un mouvement de bassin de plus en plus rapidement. Sa guitare se dresse devant lui comme si par ce geste il faisait l'amour à son public qui frémit, pour qui n'existe que cette vibration intense, unique, qui le lie à son idole, abolissant le temps. Sa voix, tantôt aiguë, débridée, menaçante, tantôt implorante, désolée, résolument sensuelle, émet gémissements, caresses de velours, un son qui s'étrangle jusqu'à devenir un cri orgasmique. Mais pourquoi fallait-il alors que l'idole, dans la solitude de son chez-lui induise son sommeil à coup de barbituriques, provoque son réveil par la prise d'amphétamines ? Pourquoi cette « boulimie » névrotique, ce besoin frénétique de sucreries, de tartines enduites de beurre de cacao permettant à Pauline Keal de suggérer : « Il a dépassé la vie... il a succombé à la dérision de lui-même, puis au désespoir. »

Pourtant, Elvis, Bill Halley et ses Comets, puis, par la suite les Beatles, les Stones, qui semblent sur le moment révolutionner le chant et l'esthétique vocale de la variété, ne font pas dans ce domaine précis preuve d'une audace particulière. C'est plutôt dans la conception de l'accompagnement, dans le fait que la chanson se transforme en spectacle, dans les costumes, la mise en scène, une certaine forme de danse, une qualité particulière des mouvements, qu'il y a un changement important. En réponse au jazz, devenu musique convenable de connaisseurs, et au be-bop, musique et danse échevelées, de plus en plus intellectuelle, une certaine jeunesse a besoin de quelque chose qui lui appartienne en propre, qui corresponde à ses critères esthétiques. Sur le moment, les aînés sont plus choqués par les cheveux (longs...) des Beatles, par les costumes scintillants d'Elvis, par sa manière de se rouler par terre, par l'orchestration qui utilise systématiquement des amplifications qu'on dit monstrueuses (leur puissance paraît ridicule aujourd'hui), par les effets de guitare électrique, que par la voix et les textes, qui ne sont pas plus laids ou ridicules que les autres.

La vitesse à laquelle le rock se propage donne une idée de la pression accumulée sur la jeunesse. Une fois le mouvement en route, rien ne pourra l'arrêter.

En France, la Libération apporte dans ses bagages le jazz, qui fait immédiatement fureur, tant il symbolise le sentiment de liberté retrouvée. Une génération de jeunes chanteurs, Trenet, puis Bécaud, Aznavour, en adopte les rythmes et le style. Ils donnent à la chanson qui s'endort dans un ronronnement de conventions, de « choses » jolies, qui n'ont pratiquement pas évolué pendant trente ans, un nouveau tonus. Et si la chanson à texte, la chanson dite de qualité, ne perd pas ses droits, la chansonnette est rapidement concurrencée, puis débordée et noyée par la nouvelle vague. Certains mouvements élitaires se cantonnent localement pour continuer la chanson poétique (Saint-Germain-des-Prés) et participer à un long débat philosophico-politique, mais se marginalisent. De jeunes loups apparaissent et sortent de l'anonymat, Brassens, Brel, Gainsbourg, tous auteurs-compositeurs-interprètes, qui doivent à leur immense talent, tant musical que littéraire, tant à leur présence sur scène qu'à leur originalité, de conserver les faveurs de la jeunesse et du public en général...

Serge Gainsbourg joue la provocation, agresse son public avec des textes poétiques où son génie éclate. Il ose libérer nos inhibitions éducatives : mal rasé, désinvolte, la cigarette tombante, au coin des lèvres, il dit, il chante nos pulsions. Le sexe est suggéré, révélé, dit... Myriam Makeba retourne à une tradition moins américanisée, développe dans ses chansons une volonté politique de défendre les valeurs culturelles de son ethnie. Elle chante cris déchirants, souffles pulsionnels, clicks, glissandos de l'aigu vers les graves, introduisant ainsi caresse, vibration, ténèbres, lumière. Sa voix est tantôt chaude, sensuelle, troublante, tantôt souffle haletant... Voix aux infinies variations...

Enfin pour faire suite à la vague rock et yé-yé venue des U.S.A. et d'Angleterre et qui submerge tout, fait disparaître les derniers survivants de la chanson d'entre-deux guerres, une toute jeune génération se lance dans la bataille, imitant d'abord les idoles anglo-saxonnes, puis trouve petit à petit un ton propre, un langage et un style. Un nouveau public apparaît qui n'existait pas dix ans auparavant. Il représente une masse non négligeable, et surtout un marché potentiel énorme. Les grandes marques de disques ne s'y trompent pas, qui lancent à tour de bras de nouvelles vedettes, de nouvelles danses, de nouvelles modes. Public versatile, insaisissable, imprévisible, il fait et défait une idole en quelques semaines. Sa boulimie, sa consommation sont sans rapport avec celles de la génération précédente. Ses modes ne durent pas et sont sans cesse remplacées par de nouvelles. Il consomme la musique qu'on lui donne, comme il consomme de la nourriture, il faut constamment renouveler son menu. Il mange à plusieurs tables, et peut aimer simultanément des genres contradictoires. Il possède ses chefs de file, ses spécialistes, ses connaisseurs, qui parlent entre eux d'interprétation ou d'orchestration avec le même sérieux, la même science que de vénérables professeurs de musique classique. Il fait éclater la mode vestimentaire, prolonge le mouvement amorcé dans cette direction par les hippies, dont il rejette pourtant le côté naïf et idéaliste. Il se veut réaliste, sceptique, voire désabusé. Il abolit les normes de l'esthétique vocale traditionnelle.

Les grands rassemblements comme celui de l'île de Wight, et l'impact immense qu'ils ont, lui font prendre conscience de son poids et de l'étendue géographique qu'il occupe. Dans ce colossal chaudron de sorcière, on trouve de tout, tout s'allie avec tout, et finit par donner quelque chose, qui dure ou qui disparaît. Les mélanges les plus étonnants peuvent parfois trouver une caution dans l'intérêt manifesté par le public dit cultivé, les essais d'intégrer un grand orchestre symphonique avec un groupe de rock, comme Deep Purple, par exemple, ou l'emploi de formules classiques, parfaitement intégrées à des sons nouveaux et des rythmes très marqués, comme les Pink Floyd.

La voix, si elle est toujours présente, n'est qu'une composante, et rares sont les chanteurs de pop à succès qui se hasardent à ne compter que sur leur voix et leur manière de chanter. Il faut le décor sonore, la puissance des amplifications, et un certain « feeling » de la scène, afin de convaincre une foule, difficile, et que la moindre déception traumatise. Chaque groupe à la mode possède son « sound », facilement reconnaissable pour le connaisseur, et qui doit rester fidèle à lui-même. Malgré les apparences, rien n'est laissé au hasard. Si l'enregistrement d'une symphonie par un grand orchestre peut prendre quelques jours, celui d'un disque de pop prend parfois plusieurs mois, demande des compétences techniques très particulières et un énorme travail.

Cette nouvelle musique possède déjà son histoire, ses drames, ses grandes figures et ses martyrs. Une période particulièrement troublée, la fin de la guerre du Viêt-Nam et ses conséquences, en porte la violence à un paroxysme difficilement concevable. Le désarroi, une évolution des mœurs mal comprise, et combattue, la position forte et implacable des tenants du pouvoir et de la finance rompent le contact entre une certaine jeunesse et les groupes sociaux traditionnels. Dès lors, plus de frein. Tout est bon pour marquer son opposition. Tout ce qui peut marquer la différence est exalté, exploité, jusqu'à l'absurde, l'auto-destruction. On assiste pratiquement à une forme de suicide collectif de toute une catégorie de la population, qui se drogue, refuse toute contrainte, fuit toute prise de conscience constructive. Les minorités quelles qu'elles soient s'affirment et s'affichent au nom de la liberté de vivre. On renie tout moyen d'expression traditionnel. Les mouvements de l'« Underground » font fureur, et, surtout, ce qui nous importe, on se rassemble autour d'une certaine musique, d'une certaine conception de la voix, dont les têtes de file tels Janis Joplin ou Jimmy Hendrix et beaucoup d'autres feront les frais.

Il est impossible de rester indifférent à la « voix » de Janis Joplin. Il est difficile de dire que l'on aime ou que l'on n'aime pas. Que l'on supporte ou que l'on ne supporte pas. La violence, la rage, le désespoir qui s'en dégagent ne ressemblent en rien à ce que nous avons connu jusqu'alors. Les moyens techniques fantastiques utilisés, les puissances des sonorisations font basculer nos sens et nous projettent au cœur d'un cataclysme fascinant et effrayant, dans une catharsis collective par éclatement de la conscience individuelle. Le chanteur, cœur de la cérémonie, devient prêtre. A noter la simultanéité et la ressemblance avec certains épisodes dramatiques de suicides collectifs (Guyane, 900 morts), et de meurtres rituels (drame Polanski, et autres) qui ont eu pour moteur la « purification », pour cadre des milieux mystiques ou se voulant tels, et pour acteurs des inadaptés, ou des révoltés, ou des désespérés. Il est certain que pour convaincre les adeptes et les pousser à de tels forfaits, la force du raisonnement ne suffit pas. Il faut encore que la force du verbe, l'attitude, le regard, et la voix du meneur puissent anéantir toute velléité, toute conscience personnelle et confondre la volonté de ses adeptes avec la sienne propre.

Ce genre de concert procède autant de la cérémonie religieuse que du spectacle. Le spectateur attend autre chose qu'un moment d'émotion. Il se laisse entraîner dans un tourbillon sonore de plus en plus féroce, se laisse aspirer hors de lui par la voix à laquelle il n'est pas possible d'échapper. Il assiste et participe à la destruction du chanteur, à la fois officiant et victime du sacrifice, transporté et rassuré par la présence de tous les autres, aussi avides que lui de s'oublier, d'oublier tout ce qui n'est pas cette vibration lancinante, écrasante. Toute défense personnelle est annihilée, la pensée est abolie, il ne reste plus que la vibration, qui malaxe tout le corps, qui fait exploser toutes ses barrières et qui le met à l'unisson de tous les autres. Plus qu'un viol sonore, c'est un véritable téléguidage des sens, dont le chanteur est l'émetteur et le public récepteur passif et consentant.

La voix « écoutée » est la projection de cet inconscient collectif, unifié et avide, génératrice, conductrice d'une transformation intérieure profonde. Le chanteur s'immole en allant puiser l'énergie nécessaire dans le public lui-même, mais aussi dans des moyens tels que la drogue, un rythme de vie frisant l'aliénation, une boulimie des sens, qui le disloquent, le détruisent, le broient, implacablement. Il est pris dans une spirale dont il ne peut plus sortir. Et c'est ça aussi que le public vient voir, il exorcise sa violence, sa révolte, ses angoisses, et les transforme en extase libératrice, dont le grand prêtre, seul, paie vraiment le prix.

Lorsqu'on entend les disques de cette époque, on ne peut que se demander comment une telle débauche d'énergie est possible. Ce que donne Janis Joplin, par exemple, dépasse, et de loin, l'imagination. Son chant, ou plutôt son cri constant, projette la violence et la tension qu'il fait monter et sans le moindre relâchement fait plus penser à un coït monstrueux dont l'un des protagonistes sait qu'il va mourir.

Que reste-t-il de cette vague ?

De tels excès ne peuvent durer. D'une part la société crée ses propres mécanismes de défense et, d'autre part, le temps se charge d'en atténuer l'impact. Certains groupes ont tenté de continuer dans cette voie, mais comme leur durée de vie dépend de leur succès, ils ont dû faire face à une nouvelle concurrence, et s'adapter à un nouveau langage. En réaction à la polarisation agressive de la sexualité des années 60, la nuance des tendances, l'acceptation des différences, puis, récemment, le développement d'une certaine ambiguïté dans ce domaine, ont permis l'épanouissement d'autres orientations.

La grande mode est aux groupes, et le chanteur « leader » semble perdre un peu d'importance. Le « sound », et le genre de musique (reggae, rap, hard-rock), ont perdu leur force mobilisatrice et ne rassemblent plus de la même manière. Les « fans » se « défanatisent ». On compare les genres, on adopte une mode ou une autre. Le public a élargi ses horizons. Certains chanteurs, certains styles qui avaient passé par une éclipse momentanée resurgissent. D'autres se sont adaptés, ont suivi l'évolution, comme Stevie Wonder, musicien accompli, qui réussit dans tous les styles, et dont la souplesse vocale, la maîtrise particulière des modulations de timbre et de rythme sont peut-être dus au fait, qu'aveugle, il transmet par sa voix, et la musique qu'il chante et qu'il joue, un monde émotionnel dont nous ne percevons qu'une petite partie; tout comme Ray Charles, dont la gestique vocale, qui atteint un degré de perfection et d'émotion rare, compense les effets visibles d'une mise en scène. Tout passe par le son et seulement par le son, avec ce quelque chose en plus que lègue celui qui ne voit pas...

Le chanteur homosexuel affiche ses goûts, sa conception de la vie. Il devient le porte-parole de ses semblables, souvent au-delà même des concepts culturels, tel Klaus Nomi, qui, haute-contre classique superbe, met sa voix au service de la musique actuelle, autant par conviction personnelle que par une nouvelle liberté de vie et d'expression qu'elle permet. Il meurt du SIDA après avoir fait la démonstration à son public que la culture n'est que convention, et que l'art et la création ne connaissent pas de frontières. David Bowie, par sa voix superbe, son physique d'ange des ténèbres, le choix d'un répertoire et d'un style ni facile, ni simpliste, inquiète, exaspère, désarçonne, autant par la violence latente, mais parfaitement maîtrisée, qu'il suggère, que par son intelligence. Il entretient soigneusement l'ambiguïté et le mystère dont il aime s'entourer...

Mike Jaegger s'assagit. Aussi ambigu que Bowie, il est un des rares survivants des années 60, à qui une partie de son public a reproché de ne pas avoir été jusqu'au bout. Mais lui, du moins, est encore présent, et si son succès n'est plus comparable à celui qu'il a connu, il reste un des grands. Nina Hagen a son public, mais l'adhésion n'est pas, et de loin aussi massive que ce qui se passait avec Ike et Tina Turner, Janis Joplin, Gene Vincent.

Et la boucle progressivement se referme sur la voix des castrats, des falsettistes, des sopranistes des siècles passés : Michaël Jackson, David Bowie, Boy George, Prince suscitent une indubitable ambiguïté sexuelle. Sont-ils hommes, sont-ils femmes, ces androgynes qui, sur des rythmes endiablés, avec une maîtrise parfaite de leur corps, se désarticulent ? Leurs chants rythmés sont faits de sons gutturaux, âpres, suffoqués, haletants, fourmillement incandescent de sons vocaux, de rythmes, qui s'apostrophent, se chevauchent, se mélangent tour à tour. Ces êtres, au maquillage parfait, aux yeux rehaussés par des effets d'ombre et de lumière sur lesquels passent rythmiquement des spots tantôt blancs blafards, tantôt colorés, insoutenables...

Ces voix sont-elles belles ? Ces voix formées d'amalgames de sons vibrés, craqués, frottés, soufflés, glissant vers l'aigu, juxtaposant des sons incandescents à une vitesse folle, vertigineuse tantôt sur des notes graves, gutturales, tantôt aiguës ? Mais elles parlent, elles vibrent, elles nous pénètrent, nous imprègnent. Elles enchantent un public pour qui elles sont un signe de ralliement, de tendresse, d'amitié.

8. LA VOIX ET L'OPÉRA

Créé en Italie, l'opéra au XVIIe siècle prend forme sous la plume de Monteverdi. Ce genre plaît immédiatement, et l'Europe s'en empare. Il s'étoffe et se développe ainsi que les instruments de musique et les techniques de chant. Au début du XIXe siècle, il est devenu un art majeur, souvent au service de la noblesse. Mais la grande vague révolutionnaire qui déferle sur l'Europe change cet état de chose. L'opéra descend dans la rue. Le public, aussitôt conquis par son côté merveilleux et spectaculaire, découvre la voix, la grande voix travaillée des chanteurs.

Par ailleurs, son côté spectaculaire et grandiose en fait le support rêvé pour symboliser et exalter les unités patriotiques en train de naître. Idée nouvelle qu'il s'agit de consolider, au vu des événements et de la situation politique. Les orchestres s'agrandissent, deviennent de plus en plus riches en couleurs de timbre, et, surtout, de plus en plus puissants. Cette tendance atteint tous les arts. On prône un style monumental, lyrique, on fait appel à la mythologie, aux allégories, aux tragédies...

L'opéra est le monument musical et lyrique de l'époque, avec les grandes symphonies. Du côté des chanteurs, il faut pouvoir faire face à ce déploiement de puissance. Les voix doivent devenir elles-mêmes monumentales. On améliore encore la technique, on recherche la puissance qui puisse rivaliser avec celle de l'orchestre. On met au point le mécanisme de la « couverture du son », qui permet l'émission de notes aiguës avec aisance et rondeur, tout en conservant l'homogénéité du timbre de la voix sur toute sa tessiture et avec une grande intensité. En modifiant la forme des résonateurs, en abaissant le larynx, en relevant le voile du palais, les voyelles changent de couleur, mais les deux registres de poitrine et de tête se mélangent plus harmonieusement.

Cette technique changera peu au cours des années, seule l'esthétique variera avec l'époque, touchant plus la manière emphatique ou théâtrale de jouer et de porter la voix que la génération vocale elle-même.

On assiste aussi, et c'est important, à un meilleur accord entre le rôle et la voix. En période de guerre, héroïque, elle se doit de défendre une image de l'homme viril et puissant, plein de courage. On élargit la tessiture dans les extrêmes, on souligne la polarisation entre l'homme et la femme. La notion de l'esthétique vocale change, non seulement du point de vue musical, mais aussi en fonction de ce qu'on veut lui faire représenter. Les compositeurs abondent dans ce sens, écrivent des partitions qui portent aux limites, aussi bien de l'étendue que de la puissance, les possibilités vocales que l'on vient d'acquérir.

Ce qu'on demande à une voix devient si excessif (passer par-dessus un grand orchestre symphonique), que ceux et celles qui y parviennent sont assimilés à des êtres supranaturels (divas), ou considérés comme tels. Ils provoquent l'enthousiasme des spectateurs et acquièrent une notoriété, à laquelle nous sommes familiarisés aujourd'hui, mais qui est sans précédent à l'époque. Les cantatrices, surtout, deviennent un des points de mire de la société. On s'habille comme elles, on les appelle par leur nom de famille, la Malibran, la Melba, la Callas. Le grand cuisinier Escoffier donnera d'ailleurs le nom de l'une d'entre elles à un dessert qu'il invente pour lui rendre hommage : la pêche Melba... Tous leurs gestes sont imités, on crée des légendes lorsque les histoires qui existent ne sont pas assez extraordinaires. Elles sont comparées entre elles, et la nouvelle venue a bien de la peine à se faire une place, à moins qu'elle ne parvienne à surprendre par une caractéristique que les autres n'ont pas, cas dans lequel elle est tout de suite portée aux nues.

Est-il possible de qualifier la voix qui vous fait vibrer, si ce n'est de dire qu'elle est belle ? qu'elle vous touche. De la Callas, on parle de tempérament, de générosité, de génie... de vocalises démentes, lorsqu'elle fait revivre dans le Macbeth de Verdi, la voix tantôt démoniaque, hallucinée et folle, tantôt angélique, claire et délicate de Lady Macbeth. Les admirateurs diront de même pour la Tebaldi, ou Rysanek. De Berganza dont les qualités vocales ne le cèdent en rien à celles de la Callas, on admirera la façon de traduire par son chant, sa tendresse humaine, sa passion maîtrisée, sa sensibilité, son intelligence, sa technique enfin, lui permettant de ne pas briser cette voix qui depuis trente ans bientôt, nous tient sous son charme.

On opposera la voix de soie de Schwartzkopf, comparable à un champ de blé ondoyant sous le vent, la voix dramatique, palpitante et superbe de Sutherland, qui découpe les vocalises dans l'aigu comme de la dentelle...

La Caballe, elle, s'appuie... sur un souffle,... long,... durable,... sans fin, dont émerge une voix divine, haute, douce, légère, tenue, qui, malgré tout, vibre, maîtrisée, souveraine. Marilyn Horne ténébreuse, vibrante, caressante, aux infinies possibilités vocales, nous transmet son émotion à l'aide de ses graves flamboyantes, son vibrato si particulier, sa voix si chaude au timbre doré et caressant à la fois... Ou encore Jessie Norman, Barbara Hendricks, Agnès Baltsa, et pardon à celles que je ne cite pas...

Le répertoire masculin, lui aussi, a vu défiler des voix merveilleuses, inoubliables, éternelles : Caruso, Fleta, Chaliapine, Bjœrling auxquels font suite Pavarotti, Domingo... Leur voix s'éclate dans leur tessiture, les passages se font sans trace, leurs attaques vocales portent, frappent ; leur timbre particulier transmet meurtrissures de l'âme, joies ineffables. Ces voix s'adressent à nous, dans notre solitude, mais en même temps la partagent, la rendant inexistante tant nous vibrons en unisson avec elles...

Enfin s'élève la voix implorante, vibrante, épurée, puissante, onctueuse, voix de contre-alto divine où intimité se substitue à intensité, où intériorité émerge à chaque instant, se fixe en nous, nous fait tressaillir, parle dans le silence de notre âme... Cette voix s'est éteinte dans sa pleine maturité ; c'était Katleen Ferrier...

CHAPITRE IV

La voix et la phonation

1. INTRODUCTION

La graphologie est réputée science : la façon d'écrire est propre à chaque individu. Les traits pertinents de l'écriture ne changent pas ! La cartomancie est dite science : les lignes de la main sont innées, ne peuvent se déplacer. Elles sont propres à l'individu, lui appartiennent. La phonation est pensée science ! Ses moyens d'investigation sont multiples, mais la voix change, change à l'infini. Elle est *perpetuum mobile !*

Si l'on prend la peine de rechercher dans la littérature les termes qui la qualifient, qu'il s'agisse de romans, de poésie, de livres d'avant-garde ou de fiction : on ploie sous leur nombre et leur diversité.

La voix est dite : rauque - dure - violente - âpre - métallique - pénétrante - pincée - sifflée - pointue - aiguë - râpée - tranchante - stridente - gutturale - serrée - tendue - bruyante - grossière - rude - brutale - incisive - sévère - crispante - énervante - éraillée - rocailleuse - énergique - angoissée - vulgaire - nasillarde - apprêtée - artificielle - désagréable...

Elle est dite : blanche - pâle - soufflée - bourdonnante - couverte - étranglée - morte - ennuyeuse - plate - insipide - nasale - triste - pauvre - faible - contenue - molle - aigre - terne - plaintive - aigrelette - pleurnicharde.

Une voix plaisante sera dite : lumineuse - moelleuse - veloutée - caressante - pénétrante - riche - sonore - douce - éclatante - brillante - claire - dorée - de miel - chaude - musicale - chaleureuse - assurée - prenante - pleine - attirante - envoûtante - émouvante - belle...

La voix peut être perçue en saveur : sucrée - mielleuse - moelleuse ;
en nuance : gouailleuse - flagorneuse - sexy ;
en image de soi : vulgaire - fausse - hypocrite - suffisante.

La voix ne s'exprime-t-elle pas par l'intermédiaire de l'œil, du goût, du tact, de l'olfaction autant que par l'oreille... ? Comme si les cinq sens étaient nécessaires pour la qualifier, témoignage évident de la difficulté que nous éprouvons à la cerner. Elle est dite : en corps solide, en matériau : son grain, sa pâte ; en relief : son volume ; en couleur : ses teintes, sa clarté. On la compare à des matières pour les qualités qu'elle symbolise : voix d'or, d'argent, d'airain, de cristal, de verre...

En tout instant, elle traduit nos états d'âme : de l'émotion la plus ténue à l'angoisse, à la peur, de la colère à la joie : la voix émanant du souffle, sur le souffle, vibrant en nous, a suscité d'innombrables expressions populaires :

— avoir une voix tremblante de peur, haletante de colère,
— en perdre la voix,
— en perdre le souffle,
— en avoir le souffle coupé,
— avoir une voix blanche de peur,
— avoir le bec cloué...

Comme si la voix, et plus encore l'absence de voix, étaient les moyens privilégiés pour nous, humains, de communiquer.

La fonction voix se précisant, comment est constitué l'instrument qui la produit ? Certes, la voix est formée de sons. Un son en physique acoustique est défini par quatre paramètres : la hauteur, l'intensité, le timbre et la durée.

a) **La hauteur**

Elle est fonction du sexe, donc de facteurs hormonaux, elle est partiellement produite par le rythme des ouvertures et fermetures laryngées. Le son aigu correspond dans le temps aux vibrations rapides, les sons graves aux vibrations lentes. Plus les cordes vocales sont tendues, plus la hauteur de la voix est élevée. Pendant la voix parlée, la hauteur tonale oscille autour d'une fréquence moyenne, pratiquement identique pour un sujet donné, à laquelle Tarneaud donne le nom de « fondamental usuel de la parole » ou hauteur moyenne d'intonation. Il s'agit de la note autour de laquelle la voix oscille en permanence pendant la parole. Chez l'homme, elle est située entre sol 1 et mi 2 selon que l'individu se classe comme basse, baryton ou ténor.

Chez la femme, elle est située entre sol 2 et mi 3, selon la classification en contre-alto, alto ou soprano.

Dans l'enfance, elle est située autour de la 3. Elle s'abaisse à do 3 avec des oscillations allant de si 2 à mi 3 en fonction de l'âge.

Le son laryngé varie en fréquence de façon permanente au cours de la parole. Ces variations constituent ce que l'on appelle la mélodie ou l'intonation de la voix parlée. L'intonation peut être considérée comme un paramètre concret, incluant tout ce qui est manifesté par la mélodie à l'exclusion de la durée et de l'intensité. L'intonation est le véhicule des émotions et des états d'âme ; elle est révélatrice de la sensibilité.

Les variations tonales, toutefois, sont liées au système linguistique utilisé. Dans les langues à tons utilisées en Extrême-Orient ou en Afrique, les différences mélodiques sont utilisées pour distinguer un mot d'un autre et ont donc une fonction sémantique. Dans les langues indo-européennes, la mélodie sert essentiellement à préciser le sens de la phrase (affirmation, négation, interrogation). Pour ce faire, nous avons à notre disposition un certain nombre de notes que nous émettons plus ou moins facilement et qui constituent l'étendue de notre voix.

b) L'intensité

Elle exprime en décibels la puissance vocale. Elle dépend de la pression sous-glottique et varie entre 20 et 60 décibels selon les individus, le sexe et le milieu socio-culturel.

c) Le timbre

Il est la caractéristique qui permet de différencier une voix d'une autre. Il dépend des qualités du son laryngé modifié par les résonateurs formés par le pharynx, la bouche, les fosses nasales.

d) La durée de vocalisation

Appelée aussi tenue d'une note, elle permet d'apprécier, conjointement, l'intégrité de la soufflerie et le tonus glottique. Elle devrait pouvoir dépasser 20 secondes chez un adulte normal, émettant une voyelle sur une hauteur moyenne d'intonation.

2. LE MÉCANISME SCHÉMATIQUE DE LA FORMATION DE LA VOIX

Afin de faciliter la compréhension du principe de fonctionnement de l'instrument vocal humain, nous avons placé en parallèle un schéma d'instrument mécanique (klaxon de voiture ancienne) et celui simplifié, du système phonatoire.

Il est ainsi aisé de se rendre compte qu'ils se composent d'éléments comparables, placés dans le même ordre.

A gauche, une trompe avertisseur telle qu'on la trouvait sur les anciennes voitures, à droite l'instrument vocal humain.

En (1) la poire de caoutchouc (réservoir d'air et pompe de pression) et la cage thoracique.

En (2) la membrane élastique, fendue dans le cas présent (les systèmes peuvent différer, mais le principe est le même), qui empêche le passage de l'air, et les cordes vocales.

En (3) les pavillons résonateurs.

L'air contenu dans la poire est mis sous pression par l'écrasement des doigts (1a) en direction de l'appui formé par la paume (1b). La pression se répartit à l'intérieur de la poire jusqu'au moment où la résistance de la membrane n'est plus suffisante. A cet instant, la fente de la membrane s'ouvre et laisse passer une bouffée d'air, en surpression. La pression baisse dans la poire, et la membrane, par son élasticité, referme le conduit. Et le cycle recommence jusqu'à épuisement de l'air ou jusqu'à l'interruption de l'écrasement de la poire.

La zone d'air en surpression s'éloigne dans le pavillon à la vitesse de 300 mètres/s, et du fait de l'élasticité de l'air, est suivi aussitôt par une zone de sous-pression correspondante. Le point d'équilibre entre les deux zones est la pression atmosphérique (sur-pression + sous-pression = pression nulle, donc pression ambiante). Ce cycle est une onde sonore.

Le passage dans le pavillon (3) va donner au rapport temps/surpression, temps/dépression, une certaine forme, donc un timbre. En fermant plus ou moins le pavillon avec la main, par exemple, comme on le fait dans le jazz à la trompette, on modifie ces rapports, on modifie le timbre, et on parvient à lui faire dire [oua-oua]... (d'où le nom de « sourdine wa-wa » donné au dispositif qui favorise l'émission de tels sons.)

Si nous observons le dessin de droite, nous découvrons les

mêmes éléments, (1) les poumons : (réserve d'air et pompe de pression), (2) les cordes vocales : membranes musculo-élastiques qui peuvent empêcher ou laisser passer la colonne d'air (3), les cavités pharyngées buccales et nasales, c'est-à-dire les résonateurs ; équivalent du pavillon de la trompe avertisseur.

Les poumons sont pris comme la poire dans un système de compression mécanique où les côtes, le dos, et surtout, sous les poumons, le diaphragme et l'abdomen, jouent le même rôle que les doigts, et permettent de mettre l'air contenu dans les poumons en surpression.

En (2), les cordes vocales, fermées lors de la phonation, s'opposent, comme la membrane de la trompe, au passage de l'air, par le principe physiologique des ressorts et des forces élastiques de retour développé par Fink. Elles cèdent à la pression de la même manière.

En (3), les ondes créées par l'ouverture et la fermeture des cordes vocales, vont être « timbrées » par les cavités pharyngées, buccales et nasales, qui peuvent modifier leur volume et leur forme (système très perfectionné de la « sourdine wa-wa »).

Le principe des membranes vibrantes s'opposant au passage du flux d'air est couramment utilisé dans les instruments de musique (instruments à embouchure : trompette, à anche simple : clarinette, à anche double : hautbois, etc.).

Il ne faut pas oublier qu'en dépit des apparences, le flux d'air est continu, les « coupures » engendrées par la membrane ne rompent pas le flux, elles le transforment en onde sonore. De même, l'articulation ne rompt pas le continuum de la voix, elle le module, le rythme, pour en faire la parole.

Nous avons fait mention à plusieurs reprises du timbre. Sans donner les détails qui seront développés plus tard, il est déjà possible de préciser que la voix n'est pas un son pur (ou sinusoïdal), mais un son complexe, composé d'un son de base (fondamental) et d'harmoniques (sons complémentaires dont la fréquence est un multiple simple du fondamental). Les résonateurs mettent en évidence certains groupes d'harmoniques, qui forment le timbre, ce qui veut dire que si ces sons n'existent pas à l'origine, les résonateurs sont inutiles.

Or la forme de l'onde sonore, générée par le système des membranes ou des cordes vocales, est une des plus riches en harmoniques. Le nombre de combinaisons est donc limité essentiellement par la capacité de transformation des résonateurs (dimensions, formes).

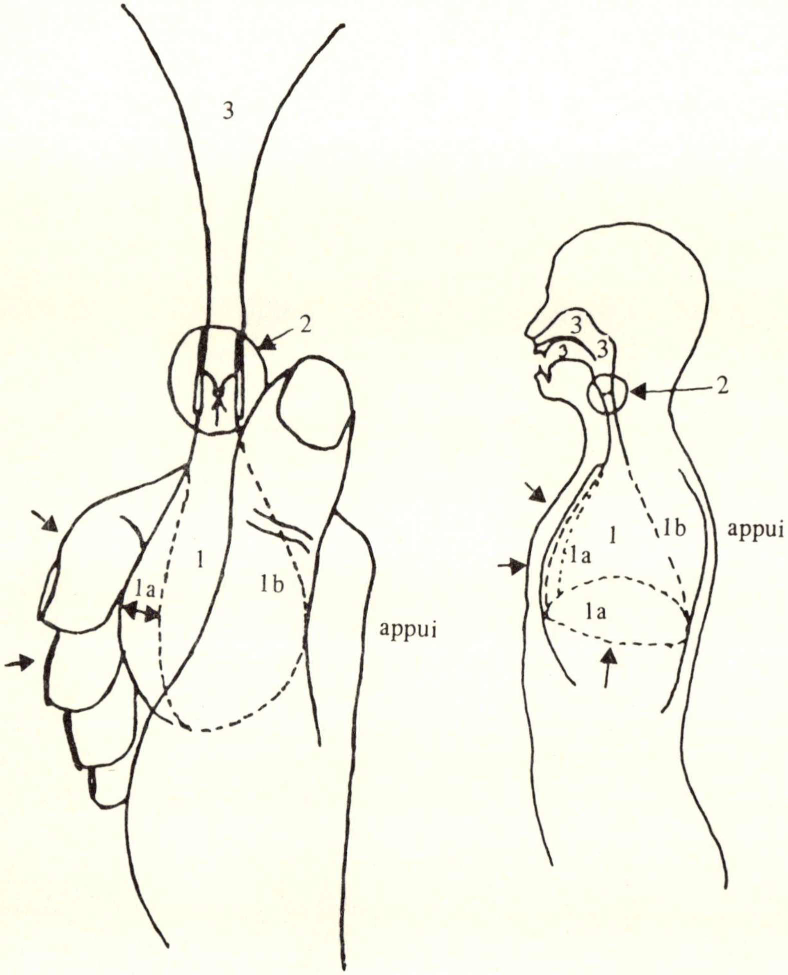

Le mécanisme schématique de la formation de la voix

3. L'ANATOMIE DES ORGANES DE LA PHONATION

Après avoir vu, très schématiquement, le principe de fonctionnement de la phonation, observons la structure de chacun de ses éléments. Des planches anatomiques plus détaillées se trouvent en annexe.

a) L'appareil respiratoire

Il comprend, enfermés dans la cage thoracique : la plèvre, les poumons, reliés à la glotte par la trachée, et toute une série de muscles.

La respiration est assurée par le cycle inspiration-expiration, qui assure la ventilation des poumons pour permettre l'échange gazeux et l'absorption d'oxygène. Le même complexe est utilisé comme pompe-moteur lors de la phonation.

Dans la respiration normale, seule l'inspiration est active. En phonation, ou lors de certains efforts, l'expiration, ordinairement passive, devient également active (en phonation, pour obtenir la pression nécessaire à l'excitation des cordes vocales, par exemple).

Les muscles de l'inspiration

Le diaphragme

En forme de voûte, avec un tendon en son centre, ce muscle unique se situe sous les poumons, ferme la cage thoracique à sa partie inférieure et ne laisse le passage qu'à l'œsophage, aux nerfs et aux vaisseaux.

Sa portion vertébrale (postérieure) est fixée sur les quatre premières vertèbres lombaires.

La partie costale (latérale) s'insère aux six dernières côtes et à leurs cartilages.

La portion sternale (antérieure centrale) s'attache à la face dorsale du sternum.

En se contractant pendant l'inspiration, le diaphragme s'aplatit en déplaçant son centre vers le bas, et comprime ainsi le contenu abdominal (cstomac, intestin).

Les muscles de la cage thoracique

Tous les muscles enveloppant la cage thoracique et le haut du dos participent à l'inspiration. Les muscles intercostaux externes, principalement. En se contractant, ce jeu de muscles remonte les côtes qui, au repos sont inclinées vers le bas en avant. Une autre partie de cette musculature les écarte de façon synchrone latéralement, ce qui a pour effet d'augmenter le diamètre de la cage thoracique. N'oublions pas que, simultanément, le diaphragme s'abaisse, comme un piston, et augmente la capacité disponible vers le bas.

Du fait de la pression atmosphérique, l'air pénètre dans les poumons pour remplir le volume ainsi gagné.

Dans le cas d'efforts particuliers (phonation forte, cri, effort musculaire intense), certains muscles de la base du cou, du dos, qui ne participent pas, ou seulement très peu, à l'inspiration normale, interviennent pour augmenter encore l'ampliation, c'est-à-dire l'agrandissement de la cage thoracique et, par conséquent, le volume d'air qu'elle peut aspirer.

Les muscles de l'expiration active

Lors de la phonation, la résistance opposée au passage de l'air par la fermeture laryngée nécessite une augmentation de pression.

Ces muscles expiratoires ont pour actions principales :

— La diminution du diamètre de la cage, par les muscles intercostaux internes et certains muscles de l'abdomen.

— La montée du diaphragme qui comprime les poumons depuis le bas, un peu comme un piston, par les muscles transverses de l'abdomen, antagonistes du diaphragme.

— Dans le cas de violents efforts (cri, gonflage de ballon), l'intervention d'autres complexes musculaires (dorsaux et abdominaux) peuvent provoquer une certaine compression de la cage thoracique.

Il faut remarquer que le dos est important dans la respiration, même normale. Une mauvaise posture, une position dorsale inadéquate, une nuque rigide, limitent les mouvements thoraciques et diminuent dans des proportions non négligeables la qualité de la respiration et de la phonation.

Physiologie succincte de la respiration

— Pendant l'inspiration calme : l'inspiration est d'abord diaphragmatique puis interviennent les muscles intercostaux externes. En inspiration profonde, les muscles inspiratoires accessoires prennent le relais.

— Pendant l'expiration calme : l'expiration est passive par relâchement et retour élastique de la cage thoracique à sa position de départ.

Mécanisme respiratoire

Durant la respiration, qu'il s'agisse d'inspiration ou d'expiration : une certaine quantité d'air est mobilisée à laquelle on a donné le nom de volumes d'air :

— Le volume courant : environ 500 cm^3, est le volume d'air mobilisé à chaque respiration, lorsque le sujet est au repos.

— Le volume d'air complémentaire ou de réserve inspiratoire : environ 1 500 cm^3, est le volume que l'on peut encore inspirer lorsque nous inspirons à fond. C'est la différence de volume entre une inspiration normale et une inspiration forcée.

— Le volume d'air de réserve expiratoire : environ 1 500 cm^3, est le volume que l'on peut encore chasser des poumons après une expiration normale. C'est la différence de volume entre une expiration normale et une expiration forcée.

— Le volume d'air résiduel : environ 1 500 cm^3, est le volume gazeux pulmonaire qui n'est pas mobilisable. Il reste donc dans les poumons, même après une expiration forcée.

— La capacité vitale est la somme du volume de l'air courant, de l'air complémentaire inspiratoire et de l'air de réserve expiratoire. Il varie de 3,5 litres à 5 litres.

Mécanisme respiratoire en phonation

— Le débit aérien est de l'ordre de 3 à 7 l/min. à une vitesse de 1 mètre/seconde, et peut passer à 15 l/min, en voix parlée normale.

— La capacité vitale est utilisée par les hommes entre 50 et 80 % et par les femmes entre 45 et 70 % de sa totalité.

b) Le larynx

Situé à la partie supérieure de l'arbre respiratoire comprenant les poumons, les bronches et la trachée, le larynx a une fonction respiratoire, phonatoire et sphinctérienne ou de valve. Il est constitué par un ensemble de pièces cartilagineuses solidarisées par des membranes fibro-élastiques et par des ligaments. Les cordes vocales sont situées dans la cavité laryngée. Des muscles, dont l'action s'exerce directement ou indirectement sur les cordes vocales et sur les cartilages du larynx, produisent à l'aide de l'air provenant des poumons : la voix. Lorsque le son s'est modifié dans les organes résonateurs situés au-dessus du larynx, une qualité de phonation que l'on nomme timbre naît ; c'est ce qui permet de distinguer des différences entre les voix de même « hauteur ». Enfin, lorsque les organes phonateurs ont changé de forme, au point que des sons ou bruits différents sont créés (voyelles, consonnes constrictives et occlusives), la voix devient parole et entre dans le processus nommé communication.

Par rapport aux cordes vocales, le larynx est plus élevé chez l'enfant et la femme que chez l'homme. Il est mobile, s'élève pendant la déglutition, ou lorsqu'une voix non travaillée passe du médium à l'aigu.

Ses dimensions varient avec le sexe, l'âge et les individus.

Le larynx est situé en avant de la colonne vertébrale au niveau de la 5e et 6e vertèbre cervicale. Il est solidaire des mouvements de la nuque, de la mandibule, du pharynx, du voile, de l'œsophage.

C'est un tube recouvert à l'intérieur d'une membrane fibro-élastique, délimité, en haut, par l'os hyoïde, en bas par la trachée, en arrière, par le pharynx. Il comprend une structure squelettique, dont l'os hyoïde auquel se rattachent la plupart des dix-sept muscles constituant la langue, et un certain nombre de cartilages dont le cartilage thyroïde ou pomme d'Adam, le cartilage cricoïde, qui est le seul, par sa forme annulaire à entourer le larynx d'un anneau rigide, les cartilages aryténoïdes.

Ces cartilages sont liés entre eux par des articulations intercartilagineuses, des ligaments et des membranes, qui permettent les différents mouvements nécessaires aux fonctions laryngées.

La cavité dite laryngée

Elle est limitée, en bas, par la trachée surmontée de l'anneau cricoïdien, en haut, par l'orifice formé des replis glosso-épiglottiques ; on distingue :

La sus-glotte comprenant :

— le vestibule qui s'étend de l'orifice supérieur du larynx aux bandes ventriculaires ou fausses cordes,

— la région ventriculaire comprise entre les fausses cordes et les vraies cordes vocales.

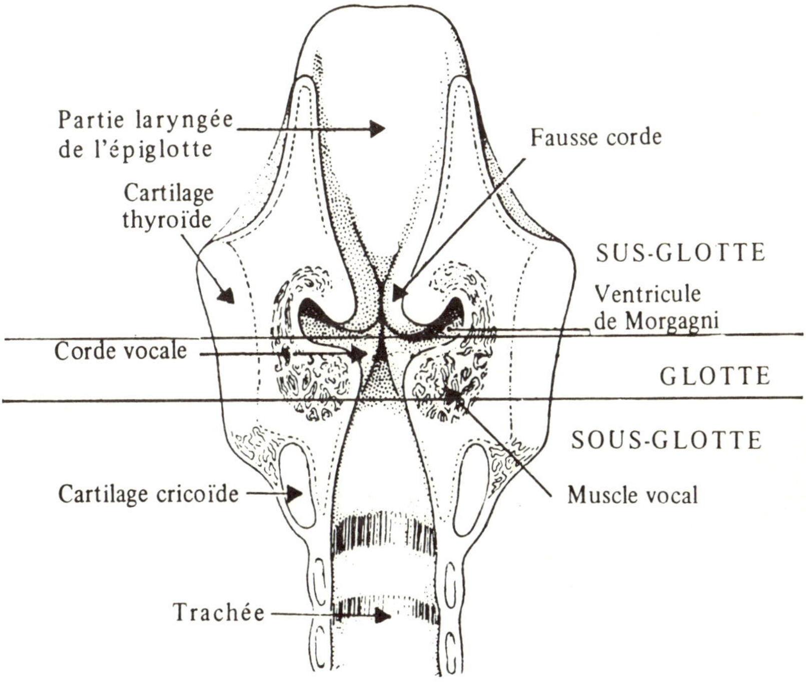

Section frontale du larynx

La glotte formée par l'ouverture entre les deux cordes vocales. On distingue :

— une portion intermembraneuse de la glotte limitée par les cordes vocales en avant,

— une portion intercartilagineuse limitée latéralement et postérieurement par les surfaces des cartilages aryténoïdes et par le muscle aryténoïdien transverse.

La largeur de la glotte est déterminée par les mouvements des cartilages aryténoïdes. L'ouverture est la plus grande en inspiration profonde et la plus étroite durant la phonation et la toux.

La sous-glotte est l'espace compris entre la partie inférieure des cordes vocales et le début de la trachée.

L'image laryngoscopique indirecte

Le larynx peut être vu grâce à l'artifice décrit par Garcia en 1847, à l'aide du miroir laryngien. On obtient ainsi une image laryngoscopique indirecte.

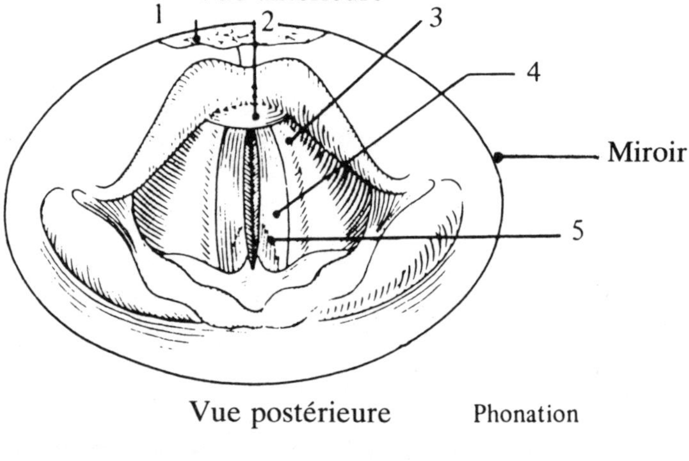

1. Base de la langue
2. Pied de l'épiglotte
3. Bande ventriculaire ou fausse corde
4. Corde vocale
5. Apophyse vocale (cartilage aryténoïde)

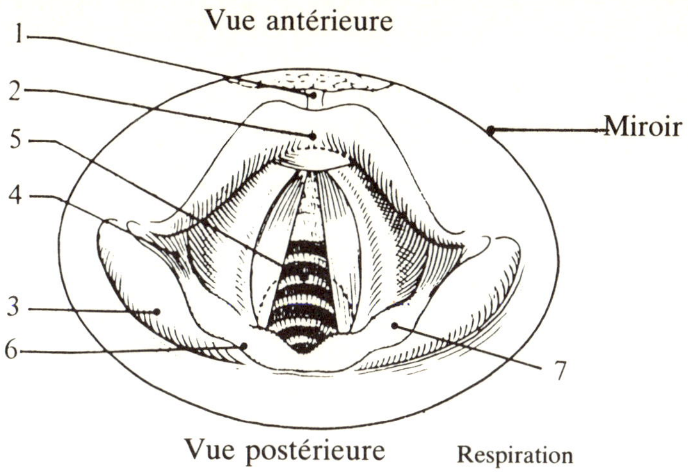

1. Repli glosso épiglottique
2. Face laryngée de l'épiglotte
3. Sinus piriforme
4. Repli ary-épiglottique
5. Trachée
6. Cartilage aryténoïde surmonté du cartilage corniculé
7. Cartilage cuneïforme

— ***Les fausses cordes ou bandes ventriculaires.*** Les deux bandes ventriculaires ou fausses cordes s'étendent horizontalement le long de la paroi latérale de la cavité laryngée. Elles sont plus largement séparées que les cordes vocales. Elles jouent un rôle de valve, par exemple dans la toux. Longues de 2 cm chez l'homme et de 1,5 cm chez la femme, elles vont de l'angle rentrant du cartilage thyroïde, en dessous de l'épiglotte, jusqu'à l'arête antérieure du cartilage aryténoïde.

— ***Les ventricules de Morgagni*** sont des diverticules de la cavité laryngée ; il y en a deux de chaque côté. Leur paroi supérieure est constituée par la face inférieure des bandes ventriculaires tandis que leur paroi inférieure est représentée par la face supérieure des vraies cordes vocales.

— ***Les cordes vocales ou vraies cordes***

Elles sont paires,parallèles, situées à la partie inférieure des bandes ventriculaires. Elles sont blanches et nacrées.

— Longues de 18 à 24 mm chez l'homme, de 12 à 18 mm chez la femme ; elles vont de l'angle rentrant du cartilage thyroïde jusqu'à l'apophyse vocale du cartilage de l'aryténoïde.

— Chaque corde vocale s'attache le long de la paroi latérale interne du larynx et est composée d'un ligament médian et de deux groupes musculaires latéraux (muscle thyro-aryténoïdien inférieur ou muscle vocal) ; d'un tissu celluleux sous-muqueux, d'un revêtement muqueux renfermant des glandes exocrines et des corpuscules nerveux sensitifs.

— Le ligament vocal est la partie supérieure de la section membraneuse correspondante du cône élastique.

Une musculature dite extrinsèque et intrinsèque

Cette distinction est introduite en fonction de l'insertion musculaire par rapport au larynx.

Si l'une des insertions seulement est laryngée, on parle de **musculature extrinsèque.**

Pour la plupart, les muscles extrinsèques constituent une protection du larynx et de l'œsophage. Ils jouent un rôle dans la respiration, la déglutition, la phonation. Ils participent au mécanisme suspenseur laryngé.

On distingue deux grands groupes :

— Les muscles sus-hyoïdiens qui sont presque tous élévateurs du larynx.

— Les muscles sous-hyoïdiens qui sont abaisseurs du larynx.

Si les deux insertions musculaires sont dans le larynx, on parle de **musculature intrinsèque.**

Ces muscles se répartissent en trois groupes, d'après leur action sur les cordes vocales ou sur la glotte (espace compris entre les cordes vocales).

1) Groupe des muscles *tenseurs* des cordes vocales : représenté de chaque côté par un seul muscle : le muscle crico-thyroïdien qui, prenant pour point fixe l'un des cartilages, éloigne l'autre et le porte en bas, réalisant ainsi une tension par mécanisme de bascule d'un cartilage par rapport à l'autre.

2) Groupe des muscles *dilatateurs* de la glotte (abducteurs) : il est également représenté de chaque côté par un seul muscle : le muscle crico-aryténoïdien postérieur ou posticus qui imprime aux cartilages aryténoïdes un mouvement de rotation grâce auquel les apophyses musculaires de ces derniers sont attirées en dedans et

les apophyses vocales se portent en arrière. L'extrémité postérieure des cordes vocales étant fixe, il s'ensuit forcément un écartement.

3) Groupe de muscles *constricteurs* de la glotte (adducteurs) : il comprend les muscles crico-aryténoïdiens latéraux, thyro-aryténoïdiens inférieurs et supérieurs, et le muscle inter-aryténoïdien.

Une muqueuse laryngée, formée :

— d'une part par un épithélium dit épidermoïde pavimenteux stratifié non kératinisé sur les cordes vocales,

— d'autre part par un épithélium cylindrique stratifié cilé sur le restant du larynx.

Elle contient de nombreuses glandes muqueuses, à effet lubrifiant et humidifiant.

Une innervation :

elle est double et symétrique (comme la vascularisation). De chaque côté, se trouvent deux nerfs principaux : le nerf laryngé supérieur et le récurrent ou nerf laryngé inférieur. Tous deux sont branches du pneumo-gastrique ou de la 10e paire des nerfs crâniens.

Le nerf récurrent :

c'est le nerf moteur du larynx. Il innerve tous les muscles à l'exception du muscle crico-thyroïdien, innervé par le nerf laryngé supérieur.

Le nom récurrent vient de la forme de son trajet, en boucle récurrente (qui retourne vers le haut).

Le nerf récurrent gauche est plus long que le nerf récurrent droit.

c) **Les résonateurs** forment ce que l'on appelle le conduit vocal.

Les résonateurs sont responsables du timbre caractéristique de notre voix.

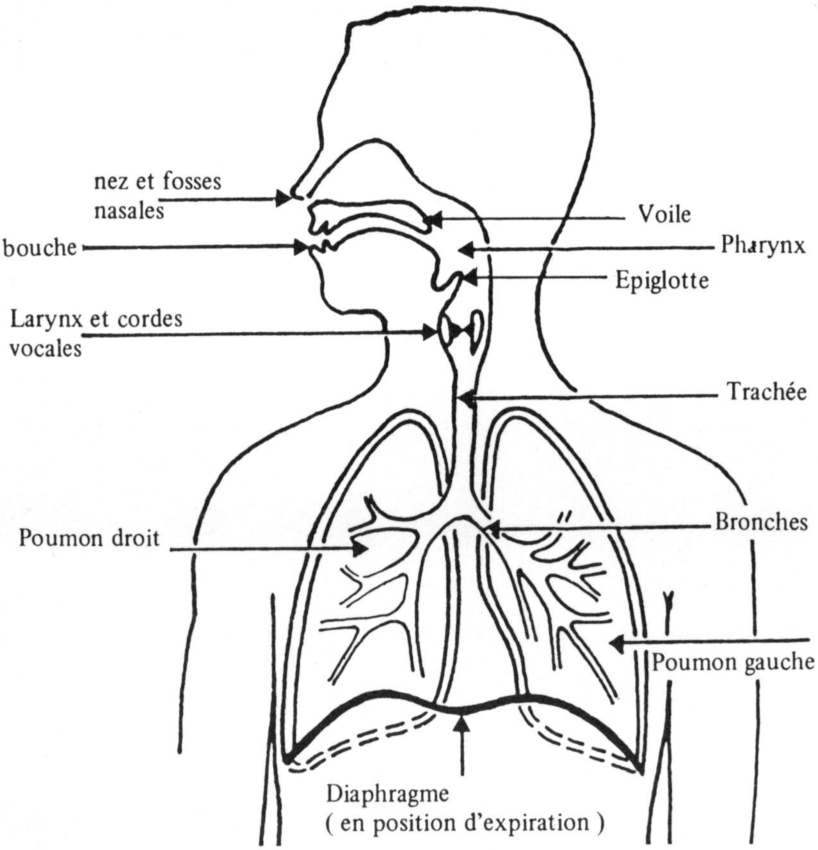

Les résonateurs

Ils sont formés par :

1) ***Le pharynx*** qui est un conduit musculo-membraneux, s'étendant de la base du crâne au niveau de la 6e vertèbre cervicale. Il fait communiquer, d'une part, la cavité buccale avec l'œsophage, d'autre part, les fosses nasales avec le larynx. C'est le carrefour aéro-digestif.

Il contient deux systèmes valvulaires :

— La cavité laryngée avec l'épiglotte

— Le sphincter, ou verrou vélo-pharyngé formé du voile et des muscles pharyngés.

2) ***La bouche,*** la langue, les joues, les lèvres et la mandibule.

3) ***Les fosses nasales*** séparées de la partie supérieure du pharynx, par le voile.

Les parties mobiles (voile, langue, lèvres, mandibule) étant déterminantes pour le timbre de la voix, nous les développerons succintement.

a) ***Le voile :*** contribue à séparer les fosses nasales de la cavité buccale. Ses muscles sont au nombre de cinq de chaque côté :

Le tenseur du voile du palais : dilatateur de la trompe d'Eustache, aplatit et abaisse le voile lors de la déglutition.

Le releveur du voile du palais : le tire en haut et en arrière. C'est le muscle le plus important dans le mécanisme de la fermeture vélo-pharyngée et pour la formation des consonnes.

Le palato-glosse : élève la partie postérieure de la langue, abaisse et tire en avant le voile du palais. Il contribue à la formation des consonnes vélaires [k — g].

Le constricteur supérieur du pharynx : rapproche les parois pharyngées latérales et tire la paroi pharyngée postérieure vers l'avant. Il forme le bourrelet de Passavant.

Le muscle azygos de la luette : raccourcit la luette et forme un bourrelet médian sur la paroi supérieure du voile. Il a été négligé jusque très récemment, mais semble former un promontoire contre lequel les parois latérales du pharynx se heurtent lors des fermetures vélo-pharyngées se faisant sur le plan sagittal.

b) ***La langue :*** formée de dix-sept muscles. Elle s'attache à l'os hyoïde essentiellement, au voile (muscle palato-glosse), à la base du crâne (muscle stylo-glosse), à la mandibule (muscle génio-glosse). Elle joue un rôle primordial dans la phonation car elle agit sur la position du larynx par l'intermédiaire du mécanisme suspenseur hyoïdien. Elle contribue encore à former le système phonétique français où deux types de consonnes orales et nasales sont décrites.

Les consonnes orales exigent une fermeture vélo-pharyngée complète. Elles sont les plus nombreuses. C'est essentiellement la position de la langue par rapport aux dents et au palais qui est responsable de leur formation. Par exemple, les consonnes apico-dentales occlusives [d — t] et constrictives [s — z] sont formées par la pointe de la langue appuyée contre les incisives supérieures. Les vélaires occlusives [k — g], les constrictives [v —

w] et [r] sont formées par l'appui de la partie postérieure de la langue contre le voile du palais.

c) ***Les lèvres :*** formées de deux replis musculo-membraneux qui forment, fermés, la paroi antérieure de la cavité buccale et, ouverts, l'orifice buccal.

On distingue :

— les muscles dilatateurs profonds,
— les muscles dilatateurs superficiels,
— les muscles constricteurs.

Les canins, buccinateurs, zygomatiques, et risorius participent au sourire et au rire, en étirant la bouche latéralement et en relevant les commissures.

Les triangulaires des lèvres, carré du menton, permettent de faire la moue.

Le baiser met en œuvre : les muscles constricteurs...

Les lèvres, avec les joues, formées essentiellement par les muscles buccinateurs, contribuent à former la sangle oro-bucco-jugale, si importante dans la formation articulatoire de la parole, grâce au système phonétique dépendant intimement d'elle.

Ainsi les consonnes occlusives bi-labiales [p — b] seront réalisées par l'affrontement des deux lèvres. Les consonnes constrictives labio-dentales [f — v] par le rapprochement de la lèvre inférieure des incisives supérieures.

Cette sangle est d'autre part primordiale dans d'autres fonctions telles que la succion et la déglutition.

d) ***Le degré d'ouverture des dents :*** fonction de la position de la mandibule.

La mâchoire inférieure ou mandibule est en rapport étroit avec l'os hyoïde et la langue, et ses mouvements déterminent un changement de forme immédiat des résonateurs bucco-pharyngés.

Ses mouvements peuvent se faire dans plusieurs directions :

— élévation,
— abaissement,
— en avant (protrusion),
— en arrière (rétraction),
— latéralement.

d) Le contrôle nerveux de la phonation et la boucle audiophonatoire

Le son (vibration sonore physique) est transformé au niveau de l'organe de Corti (oreille interne) en un influx nerveux qui, par l'intermédiaire du nerf auditif formant la 8e paire des nerfs crâniens, est conduit au cerveau. Les informations auditives sont reçues, puis programmées et décodées dans des centres cérébraux spécifiques, et transmises alors au centre de l'activité cérébrale motrice. De là, partent des influx nerveux qui, par l'intermédiaire des nerfs crâniens, activent les organes phonateurs. Une émission sonore est générée, que l'on appelle voix, qui, à son tour, par ses qualités de support acoustique de la parole, devient message verbal reçu à son tour par l'oreille interne. La boucle audiophonatoire est à nouveau réalisée.

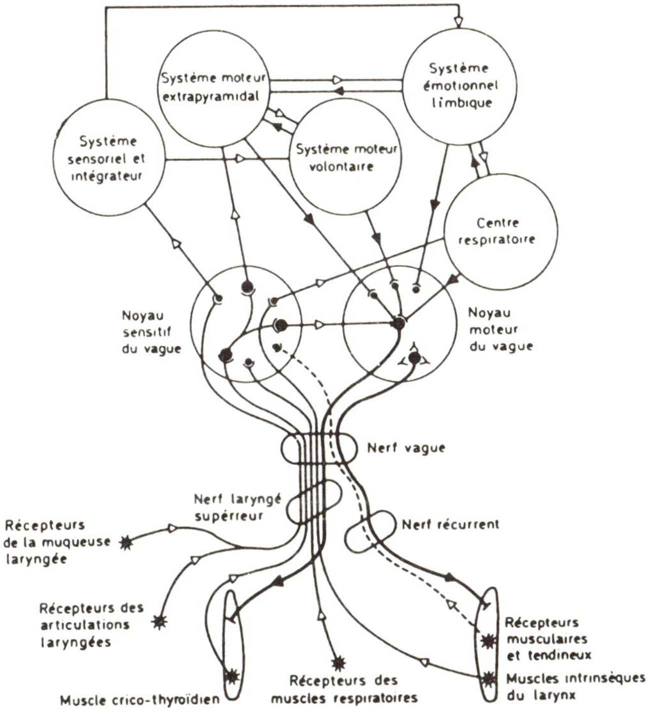

Schéma des circuits neuroniques intervenant dans la sensori-motricité du larynx

Les terminaisons nerveuses sensitives sont representées par des astérisques, les terminaisons motrices par des tirets à l'extrémité des nerfs périphériques dessinés en gras, et la voie afférente dans le récurrent en pointillé (d'après Dunker, *in* Habermann, 1978).

e) Le rôle du cerveau et du système nerveux

Rôle moteur

En fonction de la boucle audiophonatoire sus-décrite, le système nerveux va commander et synchroniser l'action de tous les muscles et de tous les systèmes mis en action par la phonation.

Rôle sensitif et sensoriel

Pour contrôler l'efficacité des différents gestes phonatoires, deux voies sont utilisées :
— l'oreille par le mécanisme du feed-back auditif
— la perception des positions des différentes parties du système phonatoire.

Il est évident que la mémoire consciente et inconsciente joue un grand rôle dans la maîtrise de la parole. D'une part, il faut que le son que l'on veut émettre corresponde à un son dont la configuration dans le système phonatoire est mémorisée, afin que celui-ci puisse se préparer à l'émettre (hauteur de la voix, formes des différentes cavités de résonance, position du voile, de la langue, des lèvres, etc) ; d'autre part, il faut que le résultat obtenu puisse être comparé à un résultat déjà enregistré dans la mémoire auditive.

Cette préparation et ce contrôle se font la plupart du temps inconsciemment, résultat d'un apprentissage continu, instinctif, qui débute à la naissance.

Ce fait peut être facilement mis en évidence, lorsque, par exemple on tente de faire dire à un Espagnol le son [u]. La plupart du temps, il ne parviendra qu'à dire [ou]. Son potentiel d'articulation est pourtant le même que celui d'un francophone, mais il n'a pas enregistré, il ne connaît pas les positions nécessaires pour émettre ce son, et il entend normalement.

Lorsqu'un des systèmes, moteur sensoriel ou sensitif, est défaillant, on constate que la parole devient très difficile à émettre et à maîtriser. On connaît la maladresse articulatoire des sourds, qui n'ont pour tout contrôle, en plus de leur vision, que la mémoire des positions articulatoires, et la sensation tactile des vibrations. Si le système moteur, dans le cas de certaines pathologies neurologiques motrices, ne fonctionne pas correctement, le patient, même s'il possède une audition parfaite, sera dans l'incapacité totale ou partielle de corriger les défauts qu'il perçoit dans sa phonation ou son articulation.

f) Les notions d'asymétrie cérébrale

D'importance primordiale, et, à signaler ici, est la notion récente (1974) d'asymétrie cérébrale hémisphérique.

Notre cerveau est formé de deux hémisphères très semblables dans leur morphologie mais ne remplissant pas des fonctions identiques.

Comme, très schématiquement, les asymétries hémisphériques sont surtout nettes dans le domaine verbal et dans l'activité phonatoire, il faut rapporter ici la prédominance pour l'espèce humaine :

— ***de l'hémisphère gauche*** du droitier, spécialisé dans la fonction du langage et de l'écriture. Ce dernier réalise l'analyse des bruits selon la phonologie. Il est sensible aux rythmes, aux changements rapides des paramètres acoustiques.

— ***de l'hémisphère droit*** du droitier qui est un analyseur contextuel, ressentant les contours d'intonation, le ton émotionnel (parole, musique), la voix du locuteur, la prosodie, la modulation, la durée, l'intensité, la hauteur, le timbre, les paramètres de base de la musique.

Il retient mieux la grammaire et réagit mieux aux métaphores. Il est capable de meilleures performances au niveau de la synthèse audio-visuelle des informations. Il a probablement plus de liens avec les structures profondes qui élaborent les composantes affectives de notre comportement.

Ceci explique comment notre perception et expression musicales se rapportant à l'expérience et l'expression émotionnelle sont fonction de l'hémisphère droit tandis que les processus analytiques qui conduisent au raisonnement à travers le langage sont sous la dominance de l'hémisphère gauche.

CHAPITRE V

Comment fonctionne notre instrument vocal ?

1. PHYSIOLOGIE SUCCINCTE DE LA PHONATION

Comme première fonction biologique, le larynx protège les poumons. La valve laryngée ferme le passage aérien empêchant ainsi tout corps étranger de pénétrer dans les poumons. La phonation est la seconde fonction du larynx. Le phénomène voix est produit par le débit aérien traversant la glotte. Grâce au jeu dynamique impliquant des principes aéro dynamiques et des contractures musculaires : les cordes vocales sont mises en mouvement. Ce processus fait appel à la **théorie myo-élastique** décrite par Muller, puis par Ewald en 1898. Une amélioration est apportée par Van den Berg qui la complète par la **théorie aéro-dynamique** (1953 à 1974) : la vibration des cordes vocales est engendrée par une rupture d'équilibre entre la fermeture de la glotte réalisée par les muscles tenseurs et adducteurs, d'une part, et la pression sous-glottique, d'autre part, de l'air provenant de la soufflerie. La mise en position phonatoire des cordes vocales rapproche celles-ci de la ligne médiane d'où brusque augmentation de la pression sous-glottique. Cette pression devient plus forte et finit par vaincre le barrage tendu par les cordes vocales qui sont forcées de s'ouvrir un bref instant pour faire retomber la pression.

Cet effet aéro-dynamique est basé sur le principe de Bernouilli : principe physique qui fait qu'au niveau de la valve glottique : les deux cordes vocales, situées l'une en face de l'autre, sont aspirées l'une vers l'autre lors du passage du courant d'air expiratoire.

Comme la tension neuro-musculaire persiste et que cette brève bouffée d'air a diminué brusquement la pression sous-glottique, les cordes vocales se rapprochent, reviennent en contact et ainsi de suite, pour autant qu'une réserve d'air expiratoire persiste et que la phonation soit recherchée.

L'ouverture et la fermeture des cordes vocales se font de façon ondulatoire et la vibration engendrée par ce mécanisme est caractérisée par une certaine amplitude qui est fonction de la pression d'air qui écarte les cordes vocales tandis que la fréquence est proportionnelle à la tension exigée par leur accolement.

De nombreux auteurs ont contribué à préciser les mécanismes physiologiques de la phonation :

— Lafon (1958) insiste sur la fonction impulsionnelle et compare le larynx à un oscillateur à relaxation.

— Schönharl (1960) confirme stroboscopiquement l'existence des ondulations muqueuses.

— Perello (1962) introduit une variante muco-ondulatoire à la théorie myo-élastique, frappé qu'il fut par l'importance des altérations de la voix liées à une pathologie exclusivement muqueuse (défaut d'humidification...). Il insiste sur l'éclosion d'ondulations muqueuses débutant au niveau de la sous-glotte et remontant le long de la face inférieure des cordes vocales, passant sur leur bord libre, se poursuivant à la face supérieure de la corde vocale, s'éteignant progressivement au niveau de la fausse corde. Ces ondulations symétriques sont possibles grâce à la souplesse des tissus sous-muqueux et à leur faible adhérence à la muqueuse.

— Hirano (1975), grâce à des études histologiques très approfondies, permet de mieux comprendre les mécanismes d'action du muscle vocal (muscle thyro-aryténoïdien). Son caractère mécanique dépend de son degré de contraction. Plus la contraction augmente, plus augmente aussi la constante d'élasticité du muscle.

— De Jonckère (1981) s'inspirant des théories de Fink (1975) qui développe et insiste sur les phénomènes de ressort et sur toute l'importance des ligaments intercartilagineux laryngés conférant élasticité au système phonateur, développe l'hypothèse du larynx « régulateur d'impédance » : la glotte traversée par le débit d'air expiratoire réagit en fonction de ses composantes neuromusculaires. D'une tension minimale des cordes, au fur et à mesure qu'augmente le débit d'air, le phénomène ondulatoire muqueux se développe. Les ondulations des cordes vocales et de leur muqueuse sont soumises à un amortissement relatif comparable à l'amortissement progressif d'un ressort. Lorsque la production des sons générés par le larynx varie en intensité, la masse fonctionnelle des cordes vocales change. Lorsque la variation du son se fait en fréquence (hauteur) c'est le rythme des impulsions nerveuses (nerf récurrent) qui se modifie. La régulation laryngée est donc à la fois musculaire et neurologique.

En conclusion, grâce aux recherches des différents auteurs précités : chacun reconnaît la nécessité des facteurs suivants pour qu'il y ait phonation et donc voix :

- Le passage d'une colonne d'air trans-glottique pour qu'il y ait production sonore.
- L'intensité du son dépend de la pression sous-glottique expiratoire et de la résistance qu'offre la valve glottique.
- La corrélation étroite qui existe entre la fréquence du son émis et le degré de tension des cordes vocales.
- L'influence de l'effet Bernouilli qui existe partout où un courant d'air est forcé à travers un passage étroit (représenté par la glotte).
- Le rôle de la muqueuse et de son caractère ondulatoire pour compléter la théorie myo-élastique et aéro-dynamique.
- Le larynx : oscillateur à relaxation, et régulateur d'impédance, soumis aux phénomènes de ressort et aux forces élastiques de retour selon les théories de Fink (1975). Les facteurs impédantiels, dépendant de phénomènes tels que masse, raideur, viscosité.

2) L'ACTIVITÉ PHONATOIRE DU LARYNX

1) Les mouvements laryngés :

— Mouvements longitudinaux dans le sens vertical : le larynx s'élève au moment de la déglutition et à l'expiration (de 2 à 3 cm). Il s'élève dans l'aigu mais on peut chanter dans l'aigu sans qu'il ne monte. (C'est d'ailleurs le but recherché dans le chant). Il s'élève pour les voyelles [o — é — i], beaucoup moins pour les voyelles [a — u — ou].
Il s'abaisse dans les sons graves, dans l'inspiration.
Tous les mouvements se font au détriment du pharynx, de la langue, de la trachée, du voile, de la mandibule. L'os hyoïde joue un rôle essentiel.

— Mouvements antéro-postérieurs : le larynx bascule légèrement en avant quand il s'élève, en arrière quand il s'abaisse.
— Mouvements latéraux : s'observent surtout lors de l'émission de trilles en voix chantée.

Les mouvements laryngés varient :
— avec la position de la tête : l'élévation de la tête monte le larynx et le pousse en arrière. L'abaissement provoque sa descente.
— avec l'abaissement de la mandibule. Si la mâchoire s'ouvre, il y a abaissement du larynx comme par exemple dans le bâillement,
— avec la position de la langue : le larynx bascule en arrière lorsque la langue est propulsée en avant,
— avec l'élévation du voile du palais : le larynx bascule en avant,
— au moment d'une inspiration profonde : le larynx s'abaisse.

2) **Les mouvements des cordes vocales :**

— Mouvements d'ouverture et de fermeture synchrones aux deux phases respiratoires (inspiration et expiration).
— Mouvements vibratoires caractéristiques (invisibles à l'œil nu car trop rapides).
Entre son début et sa fin, une vibration connaît une phase d'ouverture et une phase de fermeture que l'on appelle cycle. Le nombre de cycles par seconde détermine la hauteur fondamentale de la voix ou « pitch ».
— Un certain déplacement est accompli par les cordes vocales :
○ vertical : résultant de la pression sous-glottique
○ horizontal, comportant :
— une phase d'abduction (écartement des cordes vocales)
— une phase d'élongation maximale
— une phase d'adduction (rapprochement des cordes vocales)
— une phase d'accolement (contact).
Ces phases sont d'autant plus courtes que le nombre de cycles par seconde est élevé.
L'écartement des cordes vocales est fonction de la fréquence : il est plus grand pour un son grave (écartement maximal 3 mm) et plus petit pour un son aigu (ouverture maximale 1 mm environ).

3) **La forme des cordes vocales :**

— ***Leur longueur :*** bien qu'il n'y ait pas une correspondance absolue entre la taille des cordes vocales et le type de voix émise, on admet dans l'ensemble que des cordes vocales longues correspondent plutôt à des voix graves et des cordes vocales courtes à des voix aiguës.

L'élongation de la corde vocale est le rapport entre la longueur obtenue après l'allongement et la longueur au repos. Toute autre composante étant égale, la fréquence des vibrations augmente avec l'élongation.

Les longueurs moyennes varient avec le sexe. Selon Zimmerman, elles varient pour la voix d'homme entre 18 mm pour le ténor et 25 mm pour la basse et entre 14 mm pour la soprano et 20 mm pour la contralto.

— ***Leur épaisseur*** au niveau du contact est inversement proportionnelle à l'élongation, elle diminue quand l'élongation augmente.

3) L'ACTIVITÉ RESPIRATOIRE DE LA SOUFFLERIE ET DU LARYNX

Pour qu'il y ait voix, le souffle pulmonaire doit subir une transformation énergétique. En phonation : le larynx est le transformateur de l'énergie continue, provenant du souffle en énergie sonore pulsée.

Un certain nombre de conditions toutefois sont nécessaires à l'éclosion de ce phénomène :

- L'air inspiratoire ne peut passer que si les cordes vocales sont en abduction, donc écartées.
- Pendant les mouvements respiratoires, les cordes vocales sont mues par un va-et-vient rythmique dont la commande nerveuse vient du cerveau.
- L'attache antérieure des cordes vocales étant fixe, ce sont les cartilages aryténoïdes sur lesquels s'attachent postérieurement les cordes vocales qui commandent les mouvements de celles-ci. C'est donc l'écartement des cartilages aryténoïdes ou mieux, leur mouvement de rotation sur le cartilage cricoïde, qui porte les apophyses musculaires en dehors,

permettant l'abduction des cordes vocales, donc leur écartement.

- L'inspiration devrait être la plus nasale possible pour assurer le réchauffement, l'humidification, la purification de l'air inspiré. Il est toutefois clair, en cas de phonation intensive, comme cela se produit lorsqu'un discours est prononcé ou lorsque l'on chante, qu'il y ait une participation inspiratoire buccale.
- Lors de la phonation, l'expiration doit être contrôlée pour adapter ses effets aux exigences de l'émission sonore.
  Le rythme respiratoire est profondément modifié dans le sens :

— d'une accélération de l'inspiration,
— d'un allongement de l'expiration avec variation du débit d'air selon les exigences du discours, ou du chant, sa durée, son intensité, sa continuité,
— l'inspiration sera d'autant plus profonde que la phrase ou la mélodie devront être maintenues plus longtemps sans discontinuité et sans reprise d'air,
— puisque la durée de la phase expiratoire et le débit doivent être contrôlés : l'expiration de passive devient active. Ceci nécessite le contrôle de toute la musculature expiratoire,
— les volumes d'air mobilisés sont variables et dépendent du type d'activité vocale : voix parlée en intensité normale, faible, forte, voix de lecture ou voix chantée,
— puisque le temps expiratoire augmente, il y a ralentissement de l'écoulement de l'air expiré et élévation de la pression sous-glottique. Pour produire cette élévation de pression, la maintenir durant toute l'émission sonore, pour la moduler en fonction des variations mélodiques d'intensité, de hauteur ou de timbre : les muscles expirateurs doivent constamment s'adapter.

L'activité musculaire respiratoire varie donc durant la phonation et contribue à réaliser un équilibre dynamique précis où sont impliqués en plus de son propre ajustement :
— la pression sous-glottique
— le tonus des cordes vocales, donc de la valve glottique

— la quantité d'air contenu dans les poumons (la capacité vitale).

4) LE PHÉNOMÈNE RÉSONANCE

C'est une notion fondamentale pour comprendre le mécanisme du timbre de la voix nous permettant d'être distingués les uns des autres.

Une cinquantaine de muscles modifient rapidement la forme, le volume du conduit vocal en fonction des besoins de la parole. La voix, lors de son passage à travers les cavités de résonance, y acquiert son timbre caractéristique grâce au phénomène physique de la résonance.

La résonance : c'est le renforcement d'un son ; la transformation d'ondes stationnaires en ondes progressives. Pour expliquer ce phénomène plus simplement : faisons vibrer un diapason devant l'ouverture d'une cavité accordée sur le son du diapason : celui-ci à peine audible à l'extérieur est renforcé dans la cavité et s'entend. La cavité résonne sous l'influence de ce son et devient le siège d'un mouvement vibratoire.

Toute cavité a un son propre et une fréquence caractéristique. Ainsi le pharynx, cavité au voisinage du larynx, est un résonateur au voisinage du vibrateur, il entre en résonance pour une harmonique en relation avec la fréquence caractéristique de la cavité pharyngée, laquelle varie suivant la forme et le volume de cette cavité. Il en résulte : un renforcement des zones fréquentielles correspondant à leur structure acoustique.

En physiologie vocale, la résonance se définit par la modification d'un son, modification résultant de l'amplification de certaines harmoniques de ce son et de l'atténuation d'autres. Ainsi, notre instrument vocal humain est construit comme un instrument à embouchure ou à anche, de telle façon que la colonne d'air provenant des poumons est alternativement coupée par les cordes vocales agissant comme une valve. Ce sont les vagues produites par le conduit vocal qui déterminent les caractéristiques acoustiques de notre instrument.

Les vibrations provoquées par les cordes vocales émergent dans le conduit vocal où s'ajoutent au fur et à mesure de leur passage en direction des lèvres, les résonances des cavités traversées. Les résonances moyennes du conduit vocal se situent à 500, 1500 et 2500 Hz. Elles s'élèvent ou s'abaissent grâce au changement de la forme du conduit vocal.

Les fréquences renforcées caractérisent le timbre d'un son. On leur a donné le nom de « formant ». Le pharynx, la bouche, les fosses nasales participent à la formation des résonateurs. Ces cavités ont des parois immobiles (nez, palais dur, maxillaire supérieur) et des structures mobiles (paroi pharyngée, voile, langue, mandibule, lèvres).

Selon le degré de souplesse ou de dureté de la surface des résonateurs, la voix aura une qualité, un timbre déterminé et individuel. Des parois souples absorberont les vibrations courtes et rapides : la qualité vocale sera plus douce, plus mélodieuse. Des parois plus dures réfléchiront les formants élevés : la voix sera plus brillante.

En plus de sa fonction de résonateur, le conduit vocal, grâce à cette qualité qui lui est propre, joue un rôle fondamental dans la formation de la parole.

La source sonore peut être glottique et le son laryngien donnera alors naissance aux voyelles qui se distingueront l'une de l'autre par la distribution de leurs harmoniques. Les voyelles sont formées par l'amplification, due au phénomène de résonance, de fréquences fixes du son laryngé. Elles sont antérieures ou postérieures selon la position de la langue et de la mandibule, nasales ou orales, en fonction de la position du voile.

Les voyelles :

	Antérieures		Postérieures	
Voyelles	Non labiales	Labiales	Non labiales	Labiales
Orales	[i] (riz) [e] (fée) [ɛ] (laid) [a] (patte)	[y] (rue) [ə] (le) [ø] (feu) [œ] (feuille)		[o] (eau) [ɔ] (porte) [a] (pâte)
Nasales	[ɛ̀] (fin)	[œ̀] (1)		[ɔ̀] (rond) [à] (tante)

Les consonnes :

La formation des consonnes dépend essentiellement de la position de la langue, du voile, des lèvres, de l'ouverture de la bouche déterminée par les mouvements de la mandibule réglant le degré d'aperture ou d'ouverture entre les dents.

Toutes les consonnes résultent d'un rétrécissement marqué du conduit vocal, essentiellement de la bouche en des endroits différents, selon la consonne articulée.

A l'inverse des voyelles, les sons consonantiques sont ou contiennent des bruits caractérisés par :

— le point d'articulation (langue contre lèvres ou dents ou palais ou voile)

— le degré d'ouverture ou d'aperture entre les dents.

On distingue :

1) **Les consonnes orales :**

— ***Occlusives ou explosives :*** formées par un blocage puis une libération brutale de la colonne d'air dans la cavité buccale. On distingue des consonnes orales et nasales, sourdes et sonores selon qu'il y a ou non vibration laryngée.

	Bilabiales	Apico-dentales	Vélaires
Sonores	[b]	[d]	[g]
Sourdes	[p]	[t]	[k]

— ***Constrictives ou fricatives :*** formées par le rétrécissement ou le frottement d'air de caractère prolongé et continu à travers le pharynx et la cavité buccale.

	Médianes				Latérales
	Labio-dentales	Apico-dentales	Palatales	Vélaires	
Sonores	[v] (va)	[z] (zoo)	[z] (jour)	[w] (bois) (bwa)	[l] (la)
Sourdes	[f] (fa)	[s] (son)	[ʃ] (chat)	[r] (rat)	

2) **Les consonnes nasales :** où le voile abaissé permet le passage d'air par les fosses nasales. On distingue les :

Consonnes :

bilabiales	apico-dentales	palatales
[m] (ma)	[n] (non)	[ñ] (agneau)

Dans les consonnes nasales, le premier formant [f1] est plus aigu et le deuxième formant [f2] est plus grave : il y a donc rapprochement des formants. Ce qui caractérise les consonnes nasales, c'est un souffle [fn] correspondant à la zone de fréquences renforcées dues à l'orifice nasal ouvert postérieurement.

CHAPITRE VI

La voix chantée. Comment se construit-elle ?

Pour émettre une voix chantée harmonieuse, il est nécessaire d'acquérir :

— une attaque vocale correcte, de l'agilité, de l'aisance...
— une justesse de tonalité et de tenue de la note
— un bon placement de la voix
— des registres mélangés tendant vers l'impression auditive de l'existence d'un seul registre
— un appui adéquat et un soutien efficace
— un ton couvert ou ouvert, supporté ou porté par le souffle
— une qualité de voix pleine de sens et d'expression.

Que signifient ces mots et que couvrent-ils ?

1. LA MÉCANIQUE FONCTIONNELLE

a) La respiration

L'inspiration est réalisée grâce à un mécanisme musculaire costo-diaphragmatique suivi immédiatement par un autre mécanisme musculaire : sterno-costal, qui ouvre la partie haute de la cage thoracique.

L'expiration fait appel à un couplage musculaire plus complexe.

b) Le complexe laryngé

Comme pour la voix parlée, les cartilages et les cordes vocales continuent à fonctionner grâce aux ruptures d'équilibre entre le sphincter glottique maintenu fermé par les tenseurs et les adducteurs des cordes vocales, et la pression sous-glottique.

La pression sous-glottique peut passer de 5 à 20 cm d'eau en voix chantée douce, comme celle de Marilyn Monroe, à 50 ou 60 cm d'eau si la voix est émise à forte intensité (la Callas). Le débit d'air expiratoire dans ces conditions passe de 100 à 500 ml par seconde.

c) **Les résonateurs**

Leur fonction principale consiste à exercer un tri parmi les harmoniques du son fondamental. La combinaison des deux ou trois premières harmoniques donne naissance au son vocalique.

d) **Le couplage musculaire**

Le diaphragme quoique muscle inspiratoire principal, joue un rôle primordial dans l'érection de la voix chantée grâce à son action sur la musculature du tronc et à ses attaches postérieures puissantes sur la colonne vertébrale.

Dans la voix chantée, où l'expiration devient active : la posture corporelle, le positionnement de la tête et de la nuque, et le soutien de la voix sont les éléments essentiels. Les principaux muscles à intervenir sont :

— les muscles grands dorsaux, le muscle trapèze, les muscles extenseurs des articulations du dos,

— les muscles abdominaux (les grands droits, les obliques, qui contribuent à l'ampliation de la cage thoracique aussi bien vers l'extérieur que vers le haut),

— les muscles antérieurs de la cage thoracique (les transverses thoraciques),

— les muscles intercostaux internes,

— les muscles du bassin : en particulier les muscles fessiers, le carré des lombes, le psoas iliaque et l'élévateur anal,

— les muscles des membres.

e) **Le mécanisme suspenseur laryngé**

Il est lié à l'existence du couplage élastique exercé par les muscles élévateurs du larynx, dont l'action complémentaire est de monter et d'élargir le pharynx, et par les muscles abaisseurs du larynx.

Lorsque, en voix chantée, il devient nécessaire d'opposer puissance vocale « forte » à voix douce « pianissimo », c'est essentiellement aux muscles tenseurs de la nuque, au diaphragme, au dos et à la musculature abdominale de soutien qu'il faudra faire appel. Pour des mécanismes plus subtils, tels que justesse et tenue de la note, c'est principalement la musculature de la partie antérieure du tronc qui intervient, en particulier, les muscles transverses thoraciques.

f) L'attaque vocale

Elle résulte de la coordination précise entre la pression sous-glottique et la mise en vibration correspondante des cordes vocales.

L'attaque vocale peut être :

— douce : les cordes vocales commencent à vibrer avec une pression sous-glottique équilibrée.

— dure : les cordes vocales entrent brusquement en contact l'une avec l'autre. La pression sous-glottique est élevée.

— soufflée ou aspirée : les cordes vocales ne se rapprochent pas immédiatement en début de phonation et la voix émise est soufflée ou voilée, entachée d'air. La pression sous-glottique est basse.

2. LES REGISTRES

Il s'agit de sons produits par l'activité de certains groupes musculaires dominant momentanément dans un processus global coordonné. Il existe en principe deux registres fondamentaux correspondant à deux modes d'émission très différents du fonctionnement laryngé. Un troisième registre intermédiaire se situe entre les deux registres fondamentaux. On parle d'un registre mixte, celui que chaque chanteur cherche à dominer puis à étendre.

1) ***Le registre de poitrine*** que l'on appelle encore **mécanisme lourd,** est celui utilisé habituellement chez l'homme pour la voix parlée ; son timbre est riche en harmoniques et l'intensité tend à augmenter au fur et à mesure que la voix monte. Il se situe à la partie inférieure du registre mixte. Les vibrations synchrones à

l'émission vocale sont perçues dans la poitrine. A l'image laryngoscopique, les muscles vocaux ont une tension longitudinale ferme, les cordes vocales sont épaisses, la période de fermeture est longue. Les vibrations glottiques créent un grand nombre d'harmoniques ce qui détermine un timbre riche et coloré.

2) ***Le registre de tête,*** dit encore **mécanisme léger.** Par extension, ce registre couvre la voix de falsetto ou voix de fausset, où chez l'homme, le son émis est soufflé et pauvre en harmoniques aiguës.

Le registre de tête, par contre, est habituellement utilisé par la femme et l'enfant.

Ce registre peut être travaillé et le son produit à grande tension musculaire peut devenir fort et puissant, dans un sexe comme dans l'autre. Les vibrations sont mieux ressenties dans la tête, d'où le nom donné à ce registre.

A l'image laryngoscopique, les cordes vocales sont étirées au maximum, alors que les muscles vocaux restent passifs grâce à la contraction des muscles sterno-thyroïdiens. Les vibrations ne concernent presque exclusivement que les ligaments crico-thyroïdiens. Comme la tension longitudinale est importante, il se produit un phénomène de compression médiane que l'on appelle damping, dû à l'action des muscles crico-aryténoïdiens latéraux.

Principaux registres chez l'homme et la femme
Tiré de Cornut

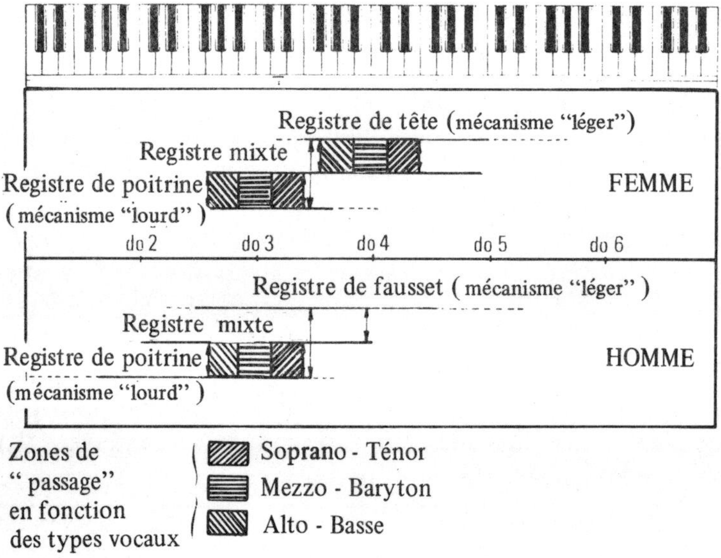

3) ***Le registre mixte :*** la voix est émise avec souplesse, aisance et confort. La voix mixte mélange à des degrés divers les caractéristiques des mécanismes fondamentaux du registre de poitrine et du registre de tête, c'est-à-dire réalise un ajustement dynamique équilibré entre les deux types d'émission. Le son chanté perd un peu de son brillant, mais gagne en douceur, rondeur. Les vibrations sont senties aussi bien au niveau thoracique qu'au niveau de la tête.

Enfin, aux deux extrémités de l'échelle tonale, on décrit deux types vibratoires particuliers :

— ***Le strohbass*** ou ***« vocal fry » :*** dans l'extrême grave. Les cartilages aryténoïdes entrent en contact l'un avec l'autre dans leur partie postérieure, mais non au niveau de leurs apophyses vocales. Les vibrations sont de grande amplitude, le son produit est profondément grave, et la pression sous-glottique basse.

— *Le sifflet :* dans l'extrême aigu : les apophyses vocales se touchent et laissent une fuite d'air en arrière, au niveau de la commissure postérieure. L'air passant à travers cet orifice crée des turbulences sur le souffle, donnant naissance au son.

3. LE PASSAGE

Chaque fois qu'il y a modification du numéro d'ordre d'une harmonique renforcée par le pharynx, il y a passage. Le passage exprime un désaccord entre le son émis par le larynx et le son propre de la cavité de résonance pharyngée. Le passage n'est supprimé que si le résonateur s'accorde sur une harmonique plus grave du son laryngé que celle qui était renforcée auparavant. La voix change de timbre, les sensations thoraciques et faciales se modifient de même que la position du larynx ; l'épiglotte se relève et les ventricules de Morgagni s'élargissent. Chez l'homme, pour la voix travaillée, le passage se fait entre ré 3 et fa 3, selon qu'il s'agit d'une basse, d'un baryton ou d'un ténor. Chez la femme, pour la voix travaillée, le passage se fait entre ré 4 et fa 4 c'est-à-dire une octavc plus haut.

4. LA CLASSIFICATION TONALE DES VOIX

Pour chaque catégorie vocale, il y a des limites dans l'aigu et dans le grave. La tessiture d'un sujet recouvre l'ensemble des sons qui conviennent le mieux à sa voix. C'est l'étendue tonale des fréquences émises sans fatigue excessive.

Tessiture	Notes	c/s ou Hz	Longueur c.v.	Intensité	Timbre
HOMMES					
basse	do 1-mi 3	65-325	24 mm	80 à 120 db	détermine les
				sur le [a]	qualités
baryton	la 1-sol 3	100-387	22 mm	tenu en re-	subjectives :
				gistre de	
ténor	do 2-do 4	129-517	20 mm	poitrine à	- du mordant
				1 mètre de	- de la couleur
				la cavité	- du volume
				buccale	- de l'épaisseur
FEMMES					- du vibrato
contralto	sol 2-sol 4	193-775	18 mm	idem en	- de la voix
				registre	
alto	la 2—la 4	217-870	16 mm	de tête	
soprano	do 3—do 5	258-1034	14 mm		

5. LE PLACEMENT DE LA VOIX

Essentiellement vocabulaire de pédagogie vocale, imbrication des techniques de chant... travail de tel ou tel résonateur... appui sur tel ou tel muscle... souffle conduit par telle ou telle dynamique... vibrations ressenties le long des dents, à la racine du nez, au sommet de la tête, au front, à la base de la nuque, etc... Telle ou telle technique vocale enseignera tel ou tel placement de la voix. Les zones anatomiques usuelles sont montrées sur cette figure.

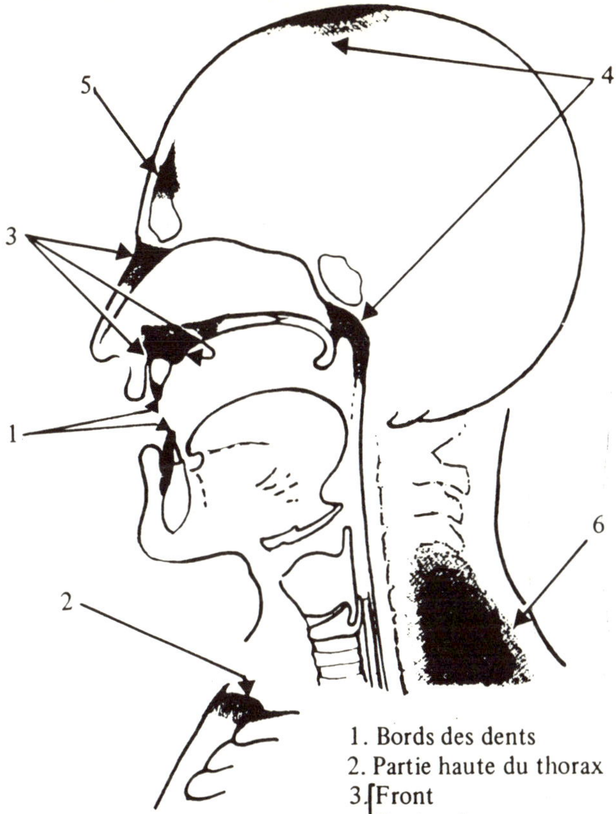

1. Bords des dents
2. Partie haute du thorax
3. Front
   Racine du nez
   Fosses nasales
4. Au-dessus du voile du palais et au sommet de la tête
5. Sinus frontal
6. Partie postérieure de la nuque

Figure des zones de perception des vibrations
Tiré de Husler et Rodd-Marling

6. LE RAPPORT ENTRE L'EXPIRATION ACTIVE CONTRÔLÉE ET LA MUSCULATURE LARYNGÉE

Le diaphragme est incontestablement le muscle respiratoire le plus important en voix chantée. Ainsi sa contraction inspiratoire suivie de son travail expiratoire active, et de façon parfaitement synchrone :

— la trachée qui est attirée vers le bas, proportionnellement à son abaissement inspiratoire

— les dilatateurs de la glotte (muscles crico-aryténoïdiens postérieurs)

— les tenseurs des cordes vocales (muscles crico-thyroïdiens)

— les abaisseurs du larynx (muscles sterno-thyroïdiens et crico-pharyngiens)

— les muscles du voile.

Grâce à ces différents mécanismes musculaires, les cavités situées en-dessus du larynx : la sus-glotte et le pharynx s'élargissent et s'allongent ; la résonance change ; le son est dirigé dans la tête. La voix dite couverte est émise. La base de la langue est projetée vers l'avant ; le voile du palais se relève.
Le travail de la musculature transverse thoracique est plus subtil et exige un équilibre plus fin, qui fait qu'étant associée à la musculature intrinsèque du larynx (les muscles adducteurs et les muscles tenseurs) ainsi qu'à la musculature extrinsèque laryngée (les élévateurs thyro-hyoïdiens) la voix se fait plus ouverte, en particulier dans le registre mixte.

Par ces différents mécanismes, une voix de belle qualité, colorée, au timbre chaud, est émise, témoignant de l'adaptation du son laryngé aux possibilités résonantielles du pharynx. Une position haute ou basse du larynx n'a que peu d'importance sur la hauteur du son mais, par contre, influence considérablement le timbre vocal. Le chanteur entraîné doit dès lors veiller à garder son larynx en position basse, généralement plus basse que la position de repos (5e vertèbre cervicale).

7. LES PROBLÈMES VOCAUX PROPRES AUX CHANTEURS

Le corps entier est sous l'emprise du mental et ce dernier agit à tout instant sur la voix.

Le larynx, certes, est l'organe le plus noble pour le chanteur, puisqu'il est l'élément sensible et expressif du mécanisme vocal. Il existe pourtant des interactions anatomiques réparties dans tout le corps qui doivent être connues pour comprendre la pathologie vocale du chanteur et ultérieurement le traitement de la voix dite professionnelle.

Ainsi, au niveau du larynx, les cordes vocales, recouvertes de leur muqueuse fine, constamment lubrifiée, entrent en contact l'une avec l'autre de manière cyclique, réalisant un véritable oscillateur mécanique. La musculature intrinsèque est responsable de la tension, du rapprochement et de l'écartement des cordes vocales. La musculature extrinsèque laryngée maintient, quant à elle, le larynx dans une position relativement constante chez le chanteur entraîné.

Pendant l'émission de la voix chantée, un courant d'air provient constamment des poumons et est responsable de l'apport énergétique nécessaire à la production vocale. Le chanteur apprend à augmenter son efficacité respiratoire en utilisant le plus possible l'air de ses poumons, et en diminuant son volume résiduel.

Il est vrai que le diaphragme génère une force inspiratoire fantastique, mais c'est le support abdominal et la posture qui maintiennent les sources sonores constantes et efficientes, nécessaires à la production d'une voix chantée correcte. En plus, c'est de l'ajustement musculo-squelettique global fin et subtil que dépend la qualité de la voix émise. Chaque chanteur doit apprendre à distribuer le poids de son corps à tel ou tel endroit, selon l'effort vocal qu'il doit donner. Il veille à ne pas rentrer ses épaules, à ne pas crisper ses bras, ce qui aurait comme effet indubitable d'augmenter sa tension musculaire cervicale. Son port de tête doit être contrôlé, son dos ne pas se voûter, sinon la tension des muscles dorsaux augmenterait et la qualité vocale s'altérerait. A chaque instant, il doit prendre conscience de son appui abdominal, de son souffle, de sa musculature dorsale, de la balance de son bassin : tous mécanismes intervenant dans la posture et l'équilibre de son corps... de la forme à donner à ses résonateurs pour que sa voix chantée soit riche, pure et qu'elle ait de l'impact. Bien plus que l'intensité, c'est le timbre, et notamment la couleur et le mordant, qui distingueront une voix cultivée de celle d'un débutant.

La voix travaillée doit donc absolument viser à élargir sa tessiture vers les sons aigus en maîtrisant progressivement le mécanisme de couverture du son, grâce auquel la voix conserve son homogénéité et son ampleur. Cette technique assombrit le timbre de la voix puisqu'elle est liée à une position basse du larynx et à une augmentation de volume de la partie inférieure de l'hypopharynx et des ventricules de Morgagni.

Pour éclaircir le timbre, il s'agira de transformer progressivement certaines voyelles en d'autres, qui auront une structure acoustique voisine.

Certains facteurs affectent la qualité vocale :

1) **La forme du conduit vocal** où interviennent la mandibule, le voile, le corps de la langue, sa pointe, et les lèvres. Une coordination équilibrée entre ces différents organes est essentielle. Ainsi, si l'on place sa langue trop en avant, le son émis est aigu, métallique ; par contre, si l'on positionne sa pointe derrière les incisives inférieures, et que le corps de la langue repose en position basse, la voix devient harmonieuse, ronde, pleine, chaleureuse, et son timbre est riche. Un autre exemple peut être donné par la situation de la mandibule qui, dans une position similaire, et pour un son de hauteur identique, peut livrer passage à un son qui changera de caractère par la simple modification de la forme des lèvres. Ainsi, entre le [i] et le [u], on différencie à l'oreille le son clair, riche en aigus du [i] et le son plus sombre, plus caressant, plus riche en harmoniques graves du [u].

2) **L'ouverture entre la bouche et le pharynx** peut être agrandie de deux façons. Le rétrécissement entre ces deux cavités est formé, dans la partie supérieure par le voile du palais, et dans la partie inférieure par la partie médiane-postérieure de la langue. Il peut y avoir, soit une élévation du voile, soit un abaissement de la partie médiane-postérieure de la langue. L'abaissement a généralement pour conséquence, de rapprocher également les parois latérales pharyngées, à cause de la tension provoquée. La chambre de résonance devient plus étroite et plus courte, et favorise ainsi un son strident et forcé. Il est donc plus efficace de rechercher cet agrandissement par une élévation du voile, la langue bien relâchée, en évitant de la placer en position trop postérieure.

3) **Tous les muscles de la face** participent directement ou indirectement au travail des cavités de résonance. Un front plissé, un froncement de sourcil, un regard inquiet sont souvent les symptômes de la tension musculaire plus profonde à laquelle ils sont associés. Des lèvres tendues ou crispées affectent le contrôle en souplesse de tout l'ensemble : joues, menton, plancher de

bouche, base de langue, qui deviennent rigides. Ces tensions associées peuvent aller jusqu'au larynx et nuire au contrôle de la hauteur du son émis. Ce phénomène s'observe souvent chez les chanteurs amateurs, qui ne parviennent pas à se détendre, et qui, à une modeste qualité vocale caractérisée souvent par un timbre assourdi ou dur, ajoutent une élocution, une articulation hachée, sans souplesse, et une intonation systématiquement un peu trop basse.

4) **La posture** dont on ne souligne pas assez l'importance, et qui détermine la souplesse de la nuque, la position des épaules, de la tête, la liberté des mouvements de la respiration, la détente abdominale et dorsale, et favorise le contrôle du diaphragme. Elle permet, par un bon équilibre statique, de ne pas faire d'efforts inutiles et parasites, facilitant ainsi la concentration nécessaire au contrôle de l'émission vocale. Elle est la démonstration visible et évidente d'une gestion corporelle et mentale, économique et efficace, sans laquelle la voix ne peut atteindre sa plénitude.

5) **La justesse** consiste à reproduire exactement les fréquences et les intervalles correspondant aux codes musicaux que l'on utilise. Contrôlée essentiellement par l'oreille, elle fait appel à une mémoire auditive exercée et active, qui sous-entend des facultés d'écoute consciente développées. Quels que soient les dons du chanteur, elle oblige à un entraînement important, pour obtenir, lorsque le cerveau commande un son, une série de positions du larynx, connues et perçues, associées à la hauteur du son attendu par l'oreille... Si tel n'est pas le cas, grâce au mécanisme du feed-back auditif, un léger ajustement des positions et tensions musculaires est réalisé, pour aligner la fréquence émise à la référence en mémoire. Plus l'entraînement est grand, plus cet alignement est rapide, au point de n'être plus perceptible à l'auditeur. Il est intéressant de rapporter ici qu'un individu qui « chante faux », possède la plupart du temps des organes phonateurs parfaitement normaux, mais entend faux, à travers une oreille mal exercée ou peu sélective.

Cet entraînement de la mémoire auditive consciente et active explique pourquoi les chanteurs ont en général moins de difficultés à acquérir une nouvelle langue que la plupart d'entre nous.

6) **Le singing formant.** Il s'agit d'une zone d'harmoniques caractéristiques d'une voix travaillée, favorisée par un entraînement intensif. Cette zone de résonance renforcée se trouve chez les chanteurs professionnels, en particulier les hommes, et permet à une oreille exercée de distinguer une voix d'une autre voix chantant la même partition. Barthelomew décrit cette zone renforcée entre 2800 et 2900 Hz chez l'homme et vers 3200 Hz chez la femme.

7) **Le vibrato.** Présent dans toutes les voix, sous l'influence directe du système nerveux autonome, il consiste en une variation cyclique à la fois de hauteur tonale (1/4 à 1/2 ton), d'intensité (2 à 3 dB) et de timbre de la voix à une fréquence de 5,6 à 6,6 Hz. Le vibrato paraît être un moyen utilisé par le larynx, pour éviter une crispation de la musculature de rapprochement et de tension au niveau glottique. A l'oreille, une voix, dont le vibrato est régulier et agréable, paraît détendue au contraire d'une voix dans laquelle le vibrato disparaît, ou devient trop rapide ou irrégulier, comme on peut l'observer chez l'individu nerveux ou stressé.

Dans la voix du troisième âge, le vibrato devient exagéré et prend le nom de trémolo. La fréquence des modulations augmente pour atteindre 8 à 12 Hz . De nature franchement pathologique est le chevrotement où, en plus d'une augmentation de la fréquence des modulations, apparaît une importante irrégularité dans leur distribution.

8) **Les trilles.** Il s'agit d'un ornement musical constitué par une alternance rapide et répétitive de deux notes séparées par un intervalle de 1/2 ton à 2 tons. Les muscles adducteurs et ceux du mécanisme suspenseur laryngé jouent un rôle essentiel dans la réalisation de cet effet. La régularité, la justesse, la netteté et la rapidité des trilles ne sont obtenues que par un entraînement intense, car cette manière d'émettre la voix nécessite un contrôle et une maîtrise importante des organes qui la génèrent.

8. LES DIFFÉRENTES FORMES DE VOIX CHANTÉES

a) La voix chantée chez l'enfant

L'enfant chante comme il parle. La plupart du temps, il chante en voix de tête avec un timbre léger. L'enfant ne possède pas de vibrato, ce qui confère à sa voix ce caractère particulier de fraîcheur et de pureté.

b) La voix de castrat

Merveilleuse pureté des voix d'enfants, des « voix d'ange »... voix de ces jeunes castrats à travers l'Histoire.

C'est probablement par milliers que les jeunes gens furent castrés durant le XVIIIe siècle. L'intervention avait lieu entre l'âge de 7 et 8 ans. On empêchait ainsi le développement typique du larynx, à la puberté, sous l'effet des hormones sexuelles. Tous les castrats hélas, ne devenaient pas de bons chanteurs, mais ceux qui y parvenaient, après des années d'études musicales et de formation vocale, obtenaient un statut social très privilégié, ce qui explique probablement pourquoi tant de familles faisaient opérer un ou deux (on a compté jusqu'à sept) de leurs fils. Un moyen d'échapper à la misère endémique de certaines régions d'Italie...

La tessiture des castrats recouvrait celle des voix de femmes, et son timbre était particulier, sorte de palier entre celui du jeune garçon et de l'homme adulte avec l'étendue d'une voix de femme. Avec l'âge, la voix des castrats passait de la tessiture de soprano à celle d'alto, mais gardait son caractère propre et son timbre typique.

Le castrat travaillait inlassablement le souffle, les passages, les crescendos et decrescendos et surtout, les possibilités vocales des coloraturs, en voix de tête. Il le faisait sans fatigue, avec éclat, et la force de sa voix était appréciée.

S'appuyant sur trois autopsies, à la fin du XIXe et au tout début du XXe siècle, le professeur Sauvage décrit leur système phonatoire de cette manière : « L'appareil phonatoire des castrats était tout à fait original. La taille du larynx était proche de celui d'une petite femme. La taille du soufflet thoracique était celle d'un homme de grande taille, la hauteur et la plasticité laryngée étaient celles d'un enfant. La castration aboutit donc à un larynx qui n'est ni celui d'un homme, ni celui d'une femme, ni celui d'un enfant ». Il précise encore : « La castration était loin d'être seule responsable de la qualité vocale des castrats... » et insiste sur l'éducation musicale intensive qui « se poursuivait jusqu'à l'âge de quatorze, quinze ans, âge, ou au contraire, on empêche encore aujourd'hui de trop faire travailler les garçons pour éviter de casser leur voix au moment de la mue ».

Concernant le registre, il écrit : « Le registre (tessiture) était extraordinairement large, atteignant plus de deux, voire trois octaves (ut 5 à fa 2). La voix dans les notes aiguës ne nécessitait pas le mécanisme de passage en voix de fausset. Par conséquent, les aigus demeuraient très purs. Les possibilités dans les graves restaient importantes, ce qui n'était pas le cas chez les sopranos féminins. » Certains castrats pouvaient recouvrir soit la tessiture des sopranos, soit celle des altos. La puissance exceptionnelle de leur voix, alliée à l'économie d'air que leur permettait la petitesse de leur larynx, leur donnait la possibilité de prolonger les notes tenues de manière prodigieuse (plus de 60 secondes pour Farinelli).

A la fascination de la voix qui pouvait produire des prouesses « inouïes » se mêlait la fascination d'un corps différent des autres, avec une pointe très « machiste » de mépris ironique de la part du public, surtout populaire, pour ces « incommodés » à l'ambiguïté trouble, émettant une voix de femme dans un corps d'homme. Le castrat était tenu à l'exhibitionnisme, car l'auditeur se sentait « voyeur » et réclamait toujours plus. En est-il autrement aujourd'hui lorsque se rencontrent des anomalies similaires ? Tel Klaus Nomi, qui obtenait son maximum d'effet vocal, en registre de tête parfaitement dominé, véritable haute-contre aux prouesses vocales à couper le souffle.

c) La voix du chanteur de variétés

La plupart du temps, il s'agit de voix spontanées, intuitives, impulsionnelles, tantôt caressantes, veloutées, envoûtantes, tantôt aiguës, perçantes, déchirantes, tantôt cris, chuchotements, ou râles...

Ces voix sont travaillées, certes, inlassablement, pour maîtriser, conserver et reproduire ce qui les distingue l'une de l'autre, et pour exploiter ce qui plaît au public. Il est rare toutefois que le chanteur de variétés se soumette à une technique vocale dite classique. Sa voix obéit à d'autres critères esthétiques. Il travaille le passage brusque de la voix de poitrine à la voix de tête et utilise surtout le changement de timbre pour obtenir des effets personnalisés. Ses changements de hauteur tonale se font généralement par l'utilisation excessive de la musculature intrinsèque et extrinsèque laryngée, sans chercher un appui sur le souffle.

Mais la variété est... variée, et toutes les techniques s'y rencontrent ; la seule règle étant celle du succès, pourvu qu'il dure !

d) **La voix cultivée du chanteur lyrique**

C'est la voix travaillée, veloutée, claire, précise, la voix qui a traversé les techniques pédagogiques du chant... Technique apprise... Technique fausse... délaissée pour tendre vers d'autres appuis, d'autres postures du corps, d'autres possibilités, afin d'améliorer la forme, le volume, la couleur, le mordant, le grain, l'éclat, le vibrato... Travail permanent pour tonifier la musculature vocale en fonction de la constitution, de la posture, du souffle... basses nobles... barytons des grands opéras... barytons d'opéras comiques... ténors forts... ténors légers... hautes-contres... contraltos... altos... mezzo-sopranos... sopranos... coloraturs...

e) **La voix de haute-contre**

Liée essentiellement à un ajustement musculaire dynamique équilibré, entre le larynx, l'hypopharynx et le souffle, cette voix caractéristique désigne une tessiture au-dessus de la voix du ténor, c'est-à-dire du contre. La voix, quoique très haute, située entre celle d'un ténor et celle d'un alto est susceptible d'acquérir puissance, rondeur et couleur. Elle ne peut que surprendre et frapper par ses variations d'intensité, ses qualités esthétiques et la richesse de son timbre.

f) **Le yodl**

Consiste dans le passage brutal de la voix de poitrine à la voix de fausset, à une très grande vitesse. Ce type d'émission caractérise certains chants populaires suisses, tyroliens, sibériens, où le passage se fait même vers la voix de sifflet. Pour faciliter le changement de voix, le yodleur utilise de fréquents et importants sauts mélodiques, souvent plus d'une octave, très impressionnants, car effectués à l'aide d'une voix puissante. Les phonèmes utilisés pour ces effets vocaux sont limités à des voyelles séparées par des [l], des [r] ou des [d]. Il s'agit essentiellement d'une ornementation improvisée.

g) Le sifflet

D'une part, c'est le registre utilisé par les sopranos coloraturs pour émettre les notes les plus aiguës. Mado Robin fut un exemple marquant. Le générateur sonore est le larynx.

D'autre part, certains individus entraînés sont susceptibles de siffler une mélodie, modulant avec agilité et une grande étendue tonale toutes sortes de compositions musicales. Pour siffler : deux structures de nos organes phonateurs interviennent :

— le larynx, qui n'est plus émetteur de sons, mais régulateur de hauteur, grâce à son mécanisme suspenseur. Les cordes vocales sont légèrement entrouvertes, mobiles, laissent échapper une colonne d'air modelable ; les mouvements laryngés et pharyngés sont impressionnants dans leur précision, synchrones aux variations de hauteur de la mélodie sifflée.

— Les lèvres qui sont légèrement mouillées, entrouvertes, formant un orifice rond régulier. Ce sont elles qui génèrent le son en lieu et place du larynx. La pointe de la langue est fermement appliquée contre les incisives inférieures.

h) La voix chantée du troisième âge

Phénomène parfaitement physiologique, la voix vieillit. Le caractère sénile dépend de plusieurs facteurs dont les plus importants sont liés à la posture qui s'altère, au tronc qui se voûte, aux organes de la cavité abdominale qui s'affaissent. La musculature laryngée, elle aussi, s'atrophie progressivement, en particulier les muscles tenseurs puis les muscles de soutien, aussi bien thoraciques qu'abdominaux. Les muqueuses laryngées se déshydratent progressivement, ce qui diminue la capacité vibratoire des cordes vocales.

Sur le plan acoustique, on note :

— un élargissement du vibrato qui devient plus ample (jusqu'à deux à trois tons). Le passage progressif à un chevrotement : la glotte ne se ferme plus tout à fait et le flux d'air expiré continue à s'échapper au lieu d'être stoppé périodiquement.

— une fréquence fondamentale qui s'abaisse chez la femme et remonte chez l'homme, ce qui rend le pianissimo difficile à produire, une perte progressive du registre de poitrine ; l'apparition de couacs, c'est-à-dire d'arrêts vibratoires, de transformations des voyelles qui tendent toutes à devenir des [u], une durée de phonation légèrement diminuée, des attaques vocales dures, accompagnées de coups de glotte brutaux, pour compenser le caractère soupirant, témoignage de la faiblesse vocale.

— un timbre qui est caractérisé par un souffle dans les registres graves, par une diminution des harmoniques aiguës, par une justesse du son de plus en plus difficile à produire, puis à maintenir.

— enfin, le port fréquent d'une prothèse dentaire, auquel s'ajoute la peur de la perdre, fait qu'en voix chantée, la bouche s'ouvre plus difficilement, l'articulation devient plus serrée et le timbre s'appauvrit.

Il convient de noter toutefois que le vieillissement biologique de l'homme crée des phénomènes de sénescence qui ne sont pas les mêmes chez tous les individus. Un homme âgé peut avoir un appareil phono-articulatoire anatomiquement et fonctionnellement encore jeune, alors qu'un homme jeune peut déjà posséder un appareil phono-articulatoire ayant toutes les caractéristiques de celui d'un homme âgé. La même observation se fait pour le sexe féminin où toutefois il faut souligner un abaissement physiologique de la tessiture dès la période pré-ménopausique.

9. LES QUALITÉS REQUISES POUR ÊTRE UN BON CHANTEUR

Notre voix est incontestablement liée à la morphologie de notre conduit vocal, mais elle porte en elle les traits fondamentaux de notre personnalité, de notre caractère, de notre mental, alors que l'ensemble est placé sous la dépendance de facteurs héréditaires et hormonaux.

Le chanteur, comme tout musicien instrumentiste, doit passer par une période de formation, pendant laquelle il va forger ses outils : solfège, lecture musicale, connaissance de l'histoire de la musique, du répertoire, etc. Comme tout instrumentiste, il va s'entraîner à la maîtrise de son instrument.

Pour chanter, le chanteur, par apprentissage, doit automatiser sa production vocale grâce à :

— ***l'utilisation de son corps.*** Les secrets de sa voix se trouvent dans son larynx... dans son ventre. Il ne peut, comme le pianiste, vérifier visuellement la position de ses doigts ; il apprend à mesurer à l'oreille les effets d'un changement d'articulation. Il doit aussi constamment plonger dans ses entrailles pour sentir ses appuis. Il doit perfectionner à chaque instant la perception vibratoire des sons au niveau de son bassin, de ses membres, de son ventre, de son dos, de sa poitrine, de sa gorge... Il doit maîtriser son souffle.

— ***l'utilisation de son cerveau.*** Grâce à une mémoire musicale adéquate, à son écoute, à ses perceptions, à son jugement, à sa concentration, à son intelligence, à ses possibilités de mémoriser les sonorités, il pourra reproduire tout son, par un ajustement fin et adéquat de son instrument vocal.

— ***sa mémoire vibratoire*** qui le renseigne, lorsqu'il chante, sur la position et tension de ses différents muscles, sur la pression exercée par ses poumons, la tension de ses cordes vocales, les divers réglages de ses cavités de résonance, l'ouverture et la forme de sa bouche, le port de sa tête, sa posture, afin que le son sortant de sa bouche corresponde bien à celui qu'il doit chanter, et qu'il doit pouvoir rechanter avec les mêmes qualités de hauteur, de force, de couleur et d'émotion.

Le chanteur, donc, et avant tout, est essentiellement un sensuel. Par son attention constante, à l'affût de toutes ses vibrations et perceptions intérieures, il a appris à connaître de l'intérieur toute la palette des sensations qui l'habitent, alors qu'il chante.

— ***sa mémoire gestuelle*** qui lui permet à chaque instant de puiser dans les sensations musculaires enregistrées lors de l'émission de tel ou tel son, des gestes utilisés pour appuyer ou mieux faire passer tel ou tel trait vocal.

— ***l'influence du mental*** où interviennent les émotions, les états affectifs, lorsque, seul, être-instrument, il remplit une salle de sa voix, joue un rôle, ne doit pas chanter faux, ne doit pas oublier ni un texte, ni une note, et doit transmettre à l'auditoire tout à l'écoute, les sentiments qu'il évoque. Soumis à la tension du contrôle constant de la posture, des gestes, de la modification du souffle, de l'expression, il doit avoir antérieurement entendu, vécu et mémorisé toute sa conduite phonatoire, afin de limiter tout accident, toute défaillance. Il n'est convaincant que s'il parvient à oublier tout ce qui n'est pas sa voix, son rôle, et il le sait.

Comme un funambule sur son fil, constamment à la recherche de son équilibre, de celui de sa voix, de celui du rôle qu'il joue, il relève le défi de faire vibrer son auditoire en l'entraînant avec lui, sans le soumettre aux angoisses qu'il connaît, ne voulant lui offrir que la beauté, la perfection, l'unicité de l'émotion partagée.

CHAPITRE VII

Les méthodes d'exploration instrumentale de la phonation

La voix, support acoustique de la parole, est formée de sons complexes. Les caractéristiques essentielles ont été déterminées en physique acoustique. Pour introduire la pathologie des organes de la phonation, les méthodes d'exploration de l'acte phonatoire sont brièvement développées.

1. INVESTIGATION DU SYSTÈME RESPIRATOIRE : la soufflerie

La soufflerie, source d'énergie de base, peut être étudiée grâce à :

a) **La spirométrie** qui mesure la capacité respiratoire et ses différentes composantes.

b) **Le coefficient phonatoire** qui donne le débit d'air par rapport au temps de phonation. C'est un bon moyen d'estimation du couplage pneumo-phonique.

c) **La pneumographie** qui permet la visualisation des expansions respiratoires thoraciques ou abdominales correspondant aux différents stades de la respiration.

d) **Les transducteurs de pression** qui offrent la possibilité de capter la pression sous-glottique pendant la phonation, ainsi qu'à différents endroits du conduit vocal.

2. INVESTIGATION DU LARYNX : le générateur

L'étude de la voix et de sa pathologie a été rendue possible grâce au développement des systèmes de miroirs puis d'optiques qui permettent de voir le fonctionnement du larynx, du sphincter vélo-pharyngé...

a) **La laryngoscopie** indirecte ou directe va du simple jeu de miroirs à des instruments très complexes, couplés à des dispositifs d'éclairage par fibres de verre optiques qui autorisent également la photographie et le film. Dans les systèmes les plus récents, des zooms, des angles de vision différents (120°, 90°, 70°, 30°) ou une vision directe (0°) permettent la mise en évidence d'images laryngées agrandies et non déformées. Une des méthodes les plus couramment employées, consiste à utiliser un endoscope rigide, à 90° avec zoom dont l'inconvénient majeur réside dans le fait que le patient doit garder la bouche grande ouverte ; les conditions de phonation ne sont ni naturelles, ni faciles. Si elle autorise une bonne investigation de l'état du larynx, toutefois elle ne permet de voir que les déplacements des cordes vocales, la symétrie de leurs mouvements (ou l'asymétrie), mais non le détail des vibrations, ce qui est essentiel dans le cadre de la phonation. Pour pallier le premier défaut, on utilise actuellement un instrument développé récemment : le **nasofibroscope.** Pour voir les vibrations des cordes vocales, on couple la laryngoscopie à un type d'éclairage particulier : le **stroboscope.**

b) **La nasofibroscopie** consiste à introduire par le nez un endoscope flexible et souple, formé de faisceaux de fibres de verre, dont l'extrémité peut être courbée à volonté depuis l'extérieur et dirigée sur le champ à observer. Comme le laryngoscope, le nasofibroscope transporte la lumière nécessaire à la vision. Le fait de le passer par les fosses nasales laisse le voile, le pharynx, la langue et le larynx libres dans leurs mouvements et l'on peut ainsi observer leur fonctionnement dans des conditions quasi-normales. La légère anesthésie locale pratiquée dans la fosse nasale pour pouvoir passer l'instrument n'a pas d'incidence particulière sur la phonation.

c) **La stroboscopie** est un dispositif d'éclairage que l'on met à la place de l'éclairage habituel ; il est composé d'un flash très rapide et d'un capteur de vibrations (microphone ou accéléromètre). Un circuit électronique détermine un moment dans le cycle de la vibration des cordes. A ce moment, il commande un coup de flash (qui dure moins d'un millième de seconde), répète lors du cycle suivant la même opération, et ainsi de suite. Il en résulte une série d'éclairs synchronisés avec les vibrations des cordes vocales. Comme l'éclair est toujours déclenché au même moment, du fait de la persistance rétinienne de l'œil de l'observateur, les cordes vocales donnent l'impression d'être immobiles. En déplaçant le moment de l'éclair, on peut observer n'importe quel moment du cycle.

Un perfectionnement de ce système offre la possibilité de décaler automatiquement le point de déclenchement d'un certain nombre de degrés (sur les 360 degrés du cycle), ce qui donne l'impression de voir les cordes vocales vibrer au ralenti. Plus l'angle de décalage est petit, plus l'impression de ralentissement sera grande. On peut suivre ainsi dans les moindres détails les ondulations des cordes vocales.

On peut obtenir le même résultat par d'autres moyens, telles certaines techniques de cinéma, avec ralenti (4000 images/seconde pendant la prise d'images), mais ce sont des développements particuliers. La stroboscopie est la plus utilisée parce que la plus pratique.

Ces différentes techniques rendent possible un examen visuel direct du fonctionnement du larynx. Les cordes vocales, par leurs vibrations, génèrent la voix, mais la vitesse de ces vibrations (de 80 à 400 par seconde) empêche leur observation. La stroboscopie permet l'étude de leurs mouvements vibratoires de manière indirecte, de façon à pouvoir en décomposer les différentes phases.

Stroboscopie des cordes vocales et de leurs mouvements à n'importe quel moment de leur cycle vibratoire

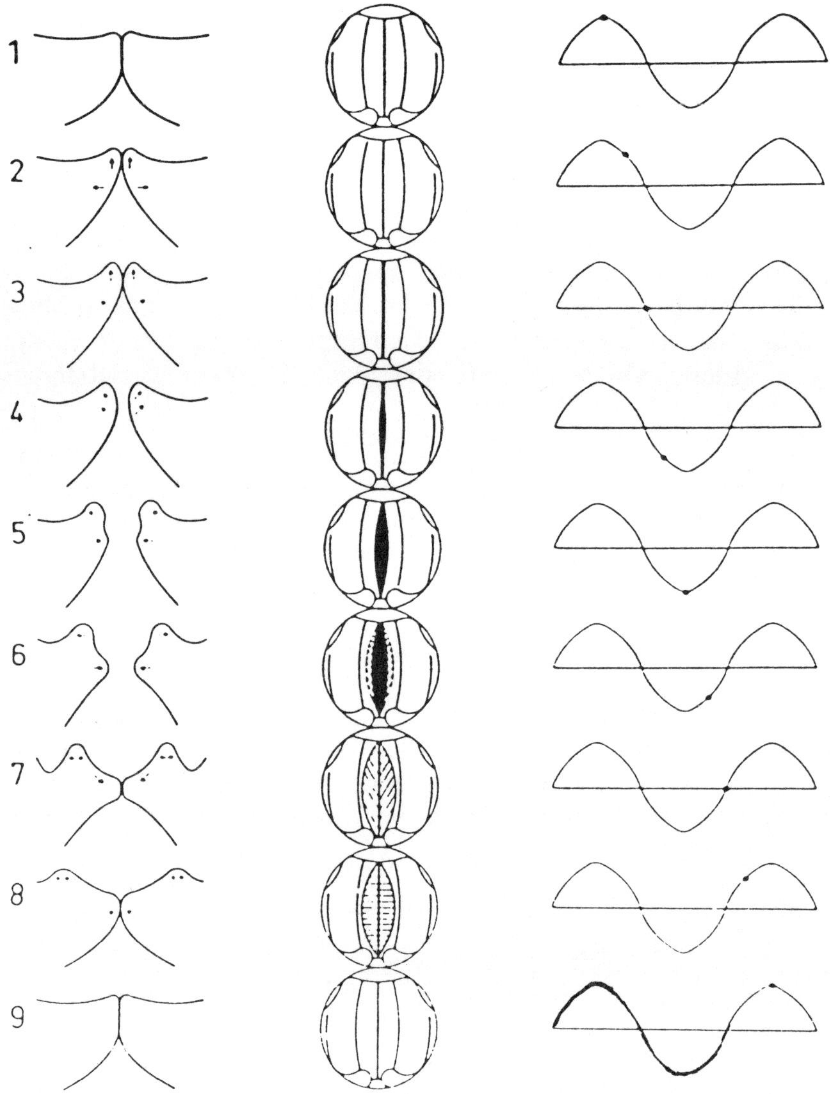

Mouvements vibratoires normaux
(selon Schönharl)

d) **L'électroglottographie,** à peu de chose près, effectue ce que fait l'ensemble microphone - enregistreur, mais en ne considérant que le signal généré par le larynx, avant la transformation acoustique apportée par les cavités de résonance.

Un courant calibré est envoyé à deux électrodes placées sur le cou à la hauteur des cordes vocales. Ce courant, parfaitement équilibré et stabilisé, parcourt un circuit dont le larynx fait partie intégrante. Les mouvements des cordes vocales, quelles que soient leur vitesse et leur amplitude, vont modifier, par la contraction et la détente des tissus et des muscles, le chemin et la résistance offerte au courant. Il suffit de capter ces différences et de les amplifier pour en obtenir un enregistrement ou une image, à l'instar de ce que l'on fait du signal microphonique. Ultérieurement, l'analyse se fait de la même manière que pour un signal microphonique.

— Electroglottogramme

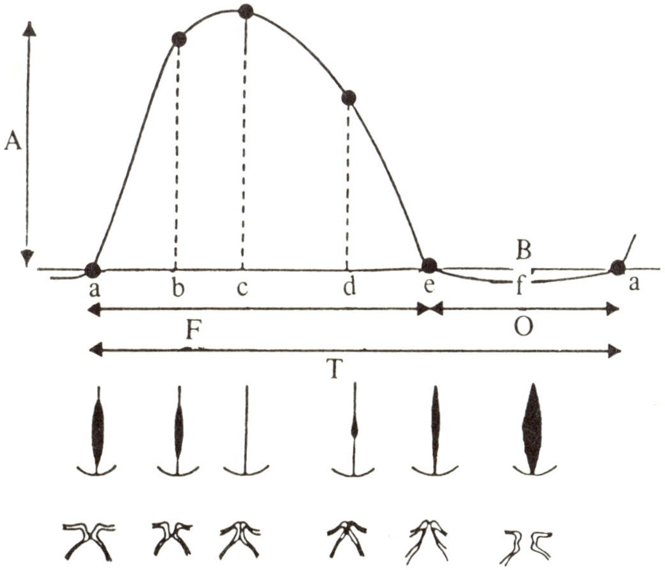

Aspect schématique de l'onde électroglottographique et aspects correspondants en cinématographie ultrarapide et tomographie frontale.

a. premier contact entre les deux cordes
b. fente glottique en voie de fermeture
c. accolement maximum
d. début du décollement
e. fin du décollement
f. écartement maximum

A. amplitude de l'onde
O. phase d'ouverture
F. phase de fermeture
T. période du mouvement rythmique des cordes.

3. INVESTIGATION DES PARAMÈTRES ACOUSTIQUES

Tous les moyens sus-décrits permettent d'observer les organes qui génèrent la voix, mais non la voix elle-même, phénomène sonore, donc non visible. Ce n'est qu'avec le développement de l'électronique que l'étude de la voix proprement dite a pu se faire.

Il faut rappeler ici que le son est un phénomène dynamique et qu'il n'existe pas en dehors du temps. On peut le considérer sous trois aspects : l'intensité, (l'amplitude), la fréquence (la hauteur), la qualité (le timbre). Du fait de sa nature, tous les moyens pour l'observer sont **indirects.**

Avant de pouvoir observer un son, il faut le capter. Le **microphone** (qui transforme les variations de pression de l'air en variations proportionnelles de courant électrique) est donc l'instrument que l'on trouve à l'origine de tous les appareils d'analyse de la voix.

L'observation d'un phénomène et son étude sont facilitées lorsqu'il est possible de le reproduire entièrement ou partiellement, à volonté. L'évolution des **moyens d'enregistrement** (disque, bande magnétique, analogique ou digitale, dans les ordinateurs) donne aujourd'hui des possibilités multiples.

Tous les systèmes qui vont être décrits peuvent donner des renseignements sous forme d'une grandeur désignée sur un cadran à aiguille (comme le voltmètre), sur un écran (type oscilloscope ou télévision) ou sur papier (table graphique X-Y ou enregistreur graphique à bande de papier).

a) L'intensité

Cette grandeur est la plus facilement mise en évidence. Couramment affichée sur tous les types de magnétophones, on peut la lire sur les VU-mètres, étalonnés en décibels relatifs (le niveau zéro est arbitraire et répond à des normes internationales). Pour l'observation clinique ou pour la recherche, on utilise de préférence des instruments plus sophistiqués, mais qui ont le même rôle, et qui sont complétés par des filtres et des vitesses de réactions différents, selon ce que l'on veut mesurer (des « pointes » de son ou des sons continus par exemple). Ce sont les **sonomètres** qui donnent, soit la mesure absolue instantanée de l'intensité, soit, par l'intermédiaire d'un enregistreur graphique, cette même mesure pendant un certain temps, l'**intensigramme** (ou l'enveloppe d'intensité).

On peut de cette manière connaître la puissance de la voix et sa dynamique (différence d'intensité entre le niveau le plus faible et le plus fort).

b) **La fréquence**

Cette grandeur fait l'objet de deux types de mesure bien différents.

La hauteur absolue d'un son isolé dans la voix se fait à l'aide d'un fréquence-mètre (nombre de vibrations/seconde).

La mélodie de la voix est lue en combinant un fréquence-mètre et un enregistreur graphique, ce qui permet de suivre l'évolution de la fréquence sur une certaine durée. Il est possible ainsi de mesurer et d'observer ses variations et son étendue (parole et chant).

Statistiquement, il est possible de connaître la fourchette de la mélodie « normale » de la voix dans une langue donnée. La comparaison entre le **mélogramme** et les normes permet de déceler ou de mettre en évidence une anomalie.

c) **Le timbre, le spectre (la qualité)**

Seul le son pur, qui d'ailleurs n'existe pas à l'état naturel, n'est composé que d'une fréquence unique. Au son de base (fondamental), s'ajoute une série de sons dont la fréquence est le multiple simple du fondamental : les sons **harmoniques.** Ce sont eux qui permettent de différencier les instruments de musique, par exemple. Un hautbois qui donne la même note qu'un violon, donc le même fondamental (f0 ou f1), ne se caractérise que parce que sa série harmonique n'est pas la même que celle du violon. Les harmoniques correspondantes d'un instrument et de l'autre n'ont pas la même intensité, et cette combinaison des harmoniques et de leur intensité caractéristique est un **spectre.** C'est parce que leur spectre est différent que l'oreille peut distinguer un [o] d'un [a] par exemple.

Un spectre instantané est obtenu par des machines capables de calculer très vite, et qui décomposent le son selon la transformée de Fourier (mathématicien du XIXe siècle qui a mis au point la formule). On obtient ainsi le spectre d'un moment précis de la voix ou de n'importe quel son, c'est-à-dire l'intensité du fondamental et des harmoniques à cet instant.

Dans le cadre de la voix, l'analyse instantanée est intéressante, mais pas suffisante. Il est nécessaire de pouvoir considérer une certaine portion de temps. On a donc mis au point une analyse spectrale par filtrage. Cette analyse ne peut se faire en temps réel, car le procédé est long. Il s'agit de mesurer l'échantillon un certain nombre de fois en faisant évoluer un peu à chaque fois la fréquence du filtre et de juxtaposer graphiquement, suivant une échelle de fréquence progressive, le résultat obtenu (dans ce cas, une ligne plus ou moins noire, suivant l'intensité de la fréquence filtrée). Au bout d'un certain nombre de tours, on aura balayé complètement la gamme de fréquence de l'échantillon à étudier. On obtient un **sonogramme,** diagramme en 3 dimensions. En abscisse : le temps ; en ordonnée : l'échelle des fréquences ; en gradation d'intensité de gris : l'intensité (sonogramme).

Analyse spectrale (sonogramme) d'après Zemlin

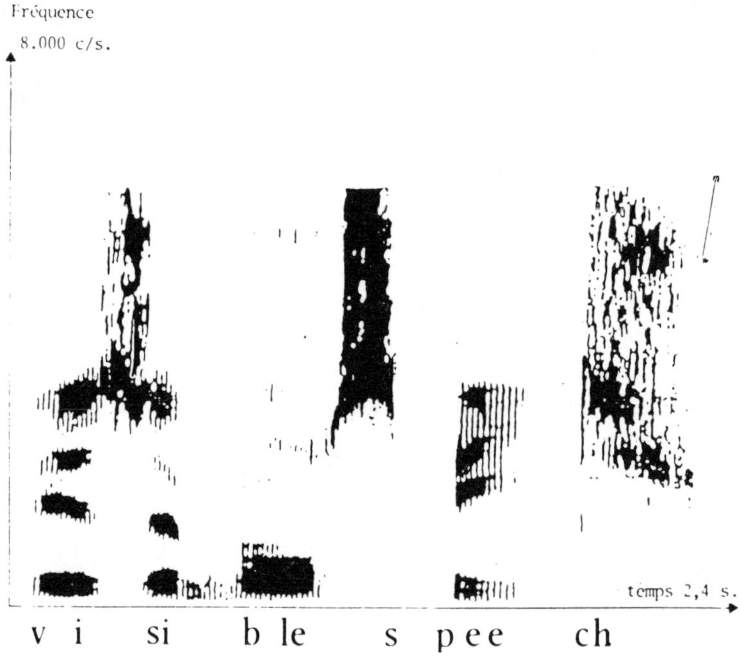

On voit que les voyelles sont formées d'un son fondamental et de nombreuses harmoniques, alors que les consonnes sont formées d'un spectre continu.

Ce procédé est très utile pour déceler des problèmes d'articulation ou une dysrégulation de fonctionnement des cordes vocales mais il prend en considération l'ensemble larynx — cavités de résonance.
Une autre technique, très récente, consiste à prendre les histogrammes des spectres instantanés et à les juxtaposer. Chaque ligne représente dans ce cas le spectre d'une tranche précise du temps. Le résultat est plus lisible, mais les techniques à mettre en œuvre beaucoup plus complexes.

D'une manière générale, on peut dire que les analyses de la voix (son) se font comme toutes les analyses de phénomènes vibratoires. Les appareils et les techniques sont les mêmes, seules les interprétations diffèrent. Le signal considéré est important parce qu'il est porteur des symptômes de la pathologie que l'on veut déceler.

La combinaison de tous ces examens est souvent nécessaire pour cerner un problème et l'analyse physique du signal vocal n'est qu'un complément au constat clinique.

4. INVESTIGATION DU SYSTÈME ARTICULATOIRE : système transformateur ou résonateur

Lorsque nous analysons la voix, nous considérons l'ensemble **voix + transformations.** Il est difficile de dissocier l'un de l'autre. L'influence des cavités pharyngées, buccales et nasales, la position de la langue, de la mandibule, des lèvres, transforment considérablement le signal glottique et ces transformations sont dynamiques.

L'observation du fonctionnement des parties apparentes ne pose pratiquement pas de problème (lèvres, mandibule, langue), mais le fonctionnement du voile du palais, par exemple, est difficile à mettre en évidence.

a) ***La cinéradiographie*** n'est en fait que de la radiographie dans le mouvement. Un film sensible aux rayons X est mis dans une caméra, et l'on peut ainsi « voir » les mouvements des différents organes pendant la phonation.

b) ***Le manophone*** est un appareil qui mesure les pressions. Utilisé dans le nez et dans la bouche, on peut par exemple se faire une excellente idée de l'efficacité du travail du voile, donc de son fonctionnement.

CHAPITRE VIII

Les maladies de la voix d'origine organique

L'émission de la voix fait appel à des mécanismes si complexes, et l'équilibre entre les différents constituants à partir desquels elle s'érige nécessitent un agencement si fin et si précis, qu'il est aisé de comprendre que l'altération d'un seul morceau de ce prestigieux puzzle ne peut qu'entraîner un processus pathologique vocal. Les troubles de la voix sont appelés : dysphonies : le préfixe grec [dus] signifiant mauvais et [phoné] désignant la voix.

On distingue les **phonopathies dysfonctionnelles**, qui généralement, lors de leur installation, ne présentent aucune image laryngoscopique pathologique visible, des **phonopathies organiques** liées à une maladie d'un ou de plusieurs organes nécessaires à la production de la voix. Le terme phonopathie est introduit ici car il couvre étymologiquement tous les processus pathologiques à quelque niveau qu'ils soient situés. En effet le préfixe [phoné] signifie voix et [pathos] : souffrance.

Les maladies de la voix d'origine organique seront dites phonopathies organiques en opposition aux phonopathies dysfonctionnelles.

La voix normale, cela paraît un pléonasme que de l'affirmer, se distingue de la voix pathologique. Le tableau suivant tente schématiquement d'en établir les différences.

VOIX NORMALE	VOIX PATHOLOGIQUE
1. **La hauteur :** elle est conditionnée par la longueur des cordes vocales (allongement par la bascule du cartilage thyroïde en avant), leur tension (réglable), la surface glottique (régla-	Voix trop haute ou trop basse. Voix non mélodieuse, anormalement mélodieuse (accents), monotone, monocorde, éraillée, rauque.

ble), l'épaisseur cordale mise en vibration (réglable).

La hauteur du son produit est proportionnelle à la tension de la corde vocale et inversement proportionnelle à la masse mise en mouvement.

On distingue la hauteur moyenne d'intonation : Fo ou fondamental usuel de la voix. Il s'agit de la note autour de laquelle la voix oscille en permanence pendant la parole. Elle est fonction du sexe, donc de facteurs hormonaux. Chez l'homme : elle se situe entre sol 1 et mi 2. (selon la tessiture) Chez la femme : entre sol 2 et mi 3. Chez l'enfant autour de la 3.

La mélodie de la parole est signifiante dans notre langage. Une mélodie descendante soulève une affirmation, une mélodie montante une interrogation.

2. **L'intensité :** elle varie de 40 db à 60 db. Elle exprime la puissance vocale en fonction de la pression sous-glottique. La pression sous-glottique varie entre 2-12 cm d'eau durant la parole. Dans un discours, elle peut atteindre 20 cm d'eau. Le débit expiratoire varie entre 60 et 300 ml/seconde.

Voix trop faible — trop forte.

Voix stridente, criarde, tonitruante.

3. **Le timbre :** il différencie une voix d'une autre. Il est lié à la qualité et à la richesse des harmoniques modifiées dans le

Voix voilée : diminution des harmoniques aiguës.

Voix couverte ou éteinte : absence d'harmoniques, voix

conduit vocal, à l'état général du sujet, à son comportement psycho-affectif et à sa charge émotionnelle.

sans timbre.

Voix rauque : altération des capacités vibratoires des cordes vocales ou du tonus glottique.

Voix bitonale : émission de 2 sons simultanés de hauteur et de timbre différents.

Voix gutturale : liée soit à une hypertonicité du pharynx et du larynx en situation trop élevée ou à la présence d'amygdales hypertrophiées.

Voix nasonnée :

Une hypo-rhinophonie : traduit une obstruction nasale.

Une hyper-rhinophonie : une incompétence du sphincter rhinopharyngé.

Voix pâteuse : traduit une sécheresse muqueuse buccale.

Voix métallique : trop riche en harmoniques.

Voix blanche : détimbrée.

4. **La durée :** elle permet d'apprécier à la fois la qualité de l'occlusion glottique et une soufflerie correctement utilisée.

Normalement : la durée d'émission d'une voyelle ouverte sur la hauteur moyenne d'intonation est d'environ 20 secondes.

Durée diminuée, irrégulièrement reproduisible.

5. **L'attaque vocale du son :** elle résulte de la coordination entre la pression sous-glottique, la mise sous tension vibratoire des cordes vocales et la qualité intrinsèque de la muqueuse.

Attaque dure : pression sous-glottique élevée. Cordes vocales très tendues entrant brusquement en contact l'une contre l'autre.

Attaque soufflée ou aspirée :

Une attaque vocale normale correspond à une mise sous tension pré-phonatoire des cordes vocales, puis en un équilibre dynamique entre la pression sous-glottique et les vibrations laryngées.	résulte d'une fermeture glottique incomplète dès l'amorce de la vibration. Il s'ensuit une fuite aérique per-phonatoire.
6. **L'élocution (voix et parole) :** sont déterminants :	
— le rythme	ralentissement du rythme de la parole (syndrome neurologique) ou accélération (émotivité).
— la mélodie	variations de hauteur (diminution en cas de surdité profonde ou de syndrome neurologique)...
— la fluidité	

1. CLASSES ÉTIOLOGIQUES DES PHONOPATHIES ORGANIQUES

a) ***Les causes laryngées qui affectent le générateur laryngé :***

a) malformations congénitales du larynx (rétrécissement, palmure, synéchie, anomalies cartilagineuses, vasculaires, neurogéniques...)

b) atteintes aiguës ou chroniques, d'origine bactérienne, virale, allergique, irritative...)

c) atteintes spécifiques (tuberculose, syphilis...)

d) causes tumorales (bénignes, malignes...)

e) causes traumatiques (atteintes des cordes vocales, des cartilages, des articulations)

f) causes paralytiques (paralysie récurrentielle.)

g) causes mécaniques : auto-traumatisme infligé par une production vocale vicieuse conduisant au grand groupe des phonopathies dysfontionnelles.

b) ***Les causes extra-laryngées*** portant sur :

a) la soufflerie (insuffisance respiratoire... asthme, emphysème...)
b) les résonateurs (insuffisance vélaire, troubles orthodontiques...)
c) le système nerveux central et ses voies nerveuses (tumeur cérébrale, traumatisme crânien, sclérose en plaques, sclérose latérale amyotrophique, maladie de Parkinson...)
d) le système endocrinien (glande thyroïde), sur le système neuro-végétatif (monocordite vaso-motrice...)
e) le système neuro-musculaire : myasthénie, maladie de Steinert.
f) la boucle audiophonatoire (atteinte du 8e nerf crânien provoquant une surdité plus ou moins importante).

2. DÉVELOPPEMENT DE QUELQUES-UNES DES PHONOPATHIES ORGANIQUES.

a) Les causes laryngées.

Les laryngites aiguës de l'adulte accompagnent généralement une infection virale ou bactérienne des voies aériennes supérieures. Les cordes vocales apparaissent très rouges et épaissies. Si la laryngite est purement allergique : les cordes vocales sont œdémateuses, c'est-à-dire présentent un gonflement muqueux et sous-muqueux résultant de la présence d'un fluide séreux. La fumée peut produire un effet analogue ainsi que des gaz irritatifs ou encore des médicaments tels que l'aspirine...

Chez l'enfant, les difficultés respiratoires priment sur la dysphonie. Il faut distinguer un faux-croup ou laryngite sous-glottique d'une épiglottite où l'épiglotte apparaît grossie et rouge, du vrai croup ou laryngite membraneuse diphtérique actuellement rarissime. Un diagnostic rapide et sûr est nécessaire à la survie de l'enfant.

Les laryngites chroniques peuvent être soit circonscrites, soit diffuses. Les cordes vocales sont, soit épaissies irrégulièrement, soit porteuses de formations inhomogènes voire polypeuses... La dysphonie est de règle.

Les laryngites spécifiques, celles liées à des maladies telles que la tuberculose, la syphilis ou la lèpre, sont aujourd'hui rares mais sévissent toujours.

Dans les formes aiguës, la dysphonie apparaît brutalement et disparaît tout aussi rapidement dès qu'un traitement médical adéquat a été instauré. Dès qu'il y a passage à la chronicité, la dysphonie persiste et des douleurs latéro-cervicales surviennent...

Les formations tumorales bénignes sont régies par une loi simple : la prolifération cellulaire responsable de leur formation se fait de façon ordonnée et régulière.

On distingue :

— Le papillome solitaire, généralement chez l'adulte. La dysphonie domine.

— Les papillomes diffus et disséminés sur toutes les structures laryngées.

Cette forme s'observe essentiellement chez l'enfant chez qui l'évolution est rapidement dramatique par les répercussions sur la fonction respiratoire.

La dyspnée, voire l'asphyxie, priment sur la dysphonie qui fut pourtant le symptôme premier...

D'autres formations bénignes résultent de la modification du tissu conjonctif sous la muqueuse de la corde vocale :

— Les polypes sont dus à un processus productif conjonctivo-vasculaire du tissu directement situé sous l'épithélium de couverture de la corde vocale.

— Les kystes sont sous-muqueux généralement et recouverts par une muqueuse saine.

Pour la plupart d'entre eux, ils sont formés à partir des glandes muqueuses très nombreuses dont les conduits sécrétoires se bouchent.

— Les chondromes sont dus à une modification du tissu cartilagineux.

On distingue encore les angiomes, les fibromes, les myomes, les lymphomes, les neurinomes...

Dans toutes ces formes, une dysphonie, une raucité vocale, amènent le patient à consulter...

Les formations tumorales d'origine maligne.

Ici, la prolifération cellulaire est anarchique, les cellules deviennent monstrueuses, les enveloppes cellulaires se cassent, les cellules cancéreuses essaiment et forment des disséminations métastatiques...

De la localisation cancéreuse au niveau des structures laryngées va dépendre la conduite thérapeutique, essentiellement chirurgicale, accompagnée ou non de radiothérapie ou de chimiothérapie.

Au niveau laryngé, puisque le larynx est le système d'excitation, donc le générateur sonore, les répercussions au niveau de la voix seront les plus audibles. Il va sans dire que plus précoce est le diagnostic du cancer, meilleurs seront les succès de l'acte chirurgical, de la rééducation de la voix et surtout les chances de guérison du patient et la qualité de sa survie.

L'histoire de la détérioration vocale conduisant au diagnostic de cancer laryngé est classique... Monsieur X, restaurateur, fume. Il est âgé de 42 ans, présente depuis quelques mois une raucité vocale s'aggravant progressivement, sans douleur. Son médecin généraliste lui a prescrit des antibiotiques, des gargarismes, des aérosols... pendant quelques semaines il y a eu une amélioration, mais la dysphonie ne disparaît pas, elle s'aggrave... des douleurs sourdes irradient vers l'oreille droite, puis apparaît une masse dure, non douloureuse dans la partie latérale droite de son cou. Le spécialiste consulté pose le diagnostic de cancer laryngé ou pharyngo-laryngé droit...

Localisation des cancers laryngés		**Attitude thérapeutique**
1. Corde vocale stricte	a) médiane	cordectomie (ablation de la corde)
	b) antérieure et commissurale	laryngectomie partielle fronto-latérale
	c) postérieure et aryténoïdienne	hémi-laryngectomie ou laryngectomie fonctionnelle reconstructive

2. **Corde vocale dépassée**		
	a) corde vocale + bande ventriculaire, (cartilage cricoïde non atteint)	laryngectomie fonctionnelle reconstructive
	b) corde vocale + épiglotte + base de langue	laryngectomie fonctionnelle reconstructive
	c) corde vocale + sinus piriforme	hémi-laryngectomie du côté atteint
3. **Cavité sus-glottique**		
	a) bande ventriculaire stricte	laryngectomie horizontale sus-glottique
	b) épiglotte stricte	épiglottectomie
	c) épiglotte + vallécule glosso-épiglottique + langue	laryngectomie horizontale sus-glottique avec glossectomie partielle

d) sinus piriforme	pharyngo-laryngectomie totale ou pharyngo-laryngectomie fonctionnelle reconstructive
e) région des 3 replis ° aryténo-épiglottique ° glosso-épiglottique ° pharyngo-épiglottique	pharyngo-laryngectomie totale ou pharyngo-laryngectomie fonctionnelle reconstrutive

4. **Métastasiant**

a) régional	ablation chirurgicale des chaînes ganglionnaires et des structures avoisinantes
b) disséminé (poumon, foie, os)	en principe, on ne fera pas de traitement chirurgical mais une chimiothérapie associée à de la radiothérapie.

Comment est la voix lorsqu'une chirurgie fonctionnelle ou totale a dû être pratiquée ?

Après une chirurgie fonctionnelle (cordectomie, hémilaryngectomie, laryngectomie sus-glottique ou pharyngolaryngectomie fonctionnelle reconstructive), la qualité de la voix dépendra bien évidemment de l'étendue de la mutilation chirurgicale. Une simple cordectomie aura pour conséquence vocale : une voix rauque, mais bien audible. Si l'ablation chirurgicale emporte toutes les structures vibratoires laryngées, ne laissant qu'un seul cartilage aryténoïde, la voix sera basse, soufflée, bruyante, forcée, mais toujours audible.

Si une laryngectomie totale a été effectuée, c'est-à-dire que le larynx a été enlevé : le patient apprendra à se faire entendre en modulant et sonorisant l'air qu'il aura happé ou injecté par la bouche et qu'il stockera dans une sorte de nouvelle glotte appelée « poche œsophagienne ». Cette dernière se forme par apprentissage, aux dépens de la musculature pharyngée et de sa muqueuse, ayant échappé à l'exérèse chirurgicale.

L'intervention chirurgicale a supprimé le générateur de son. Le circuit d'air pulmonaire est dévié à la partie antérieure du cou, au-dessus du sternum par l'intermédiaire de la trachée que l'on y a amarrée. Le patient est dès lors porteur d'un trachéostome permanent. La soufflerie ou respiration n'intervient plus que pour assurer les échanges gazeux... car la colonne d'air, détournée de son trajet normal et le larynx absent, interdisent dorénavant de générer le son... Seul reste l'appareil résonateur rendant possible l'articulation de la parole.

Le patient apprendra, par un travail régulier et assidu auprès d'orthophonistes, à développer, puis à utiliser une voix dite « œsophagienne », à partir de l'air ambiant qu'il met en réserve dans sa néo-glotte qui se formera progressivement. A partir de cet instant, il a à sa disposition un nouveau dispositif vibratoire : la « poche œsophagienne » dont la muqueuse des bords supérieurs, peu à peu, est mue par des mouvements vibratoires assez analogues à ceux des cordes vocales enlevées. Les bords supérieurs de la poche œsophagienne assument également petit à petit le rôle de sphincter musculaire permettant le contrôle du débit de l'air devenu son.

Si un patient ne peut accéder à une voix œsophagienne, il pourra recourir à des prothèses phonatoires.

Les prothèses phonatoires. Principes de fonctionnement

a) Les prothèses de Panjé ou de Blom-Singer permettent de dériver une partie de l'air trachéal expiratoire du patient laryngectomisé vers sa bouche grâce aux techniques des fistules ou shunts phonatoires. La voix est peu audible et basse.

b) La pipe de Ticchioni qui se présente comme une pipe à fumer. Le tuyau se tient en bouche. Sur le côté, se trouve un bouton sur lequel il faut presser pour en faire sortir une voix de médiocre qualité que l'on articule avec les mouvements habituels des lèvres, des joues, de la langue et du voile.

c) Le vibro-larynx ou vibro-pharynx où l'air, situé dans l'hypo-pharynx et entré par la bouche, est mis en vibration par un vibrateur électrique à pile. La prothèse est appliquée extérieurement sur la face antérieure du cou. Elle transmet les vibrations par simple conduction et le sujet en fait n'articule que le son de base produit par ces vibrations. Le vibrateur électronique a comme avantage supplémentaire de pouvoir faire varier la tonalité de la parole.

Les traumatismes du larynx et les séquelles d'intubation

Les traumatismes atteignant le larynx sont relativement fréquents. Dans une collision frontale, par exemple : l'impact du volant se fait à la partie antérieure du cou de même que celui du guidon d'une moto, ou d'une bicyclette. Une fois le danger lié à l'asphyxie levé, soit par un acte chirurgical soit de façon conservatrice, il peut persister un trouble vocal.

Les séquelles d'intubation recouvrent les lésions qui peuvent être faites au niveau laryngé par les tubes nécessaires aux anesthésistes pour induire une anesthésie générale. Comme les intubations glotto-trachéales sont pratiquées plus largement comme alternative à la trachéotomie, il est évident que les séquelles laryngées d'intubation deviennent plus fréquentes et plus sévères. Comme en anesthésiologie, en réanimation et en soins intensifs, la protection des voies aériennes est d'importance primordiale : l'intubation est le meilleur moyen de l'assurer. Dans certaines circonstances, les intubations doivent être pratiquées en urgence pour assurer la survie du patient. Les lésions provoquées par le tube se font soit immédiatement, car l'on a dû forcer le passage glottique, soit il a fallu laisser le tube en place très longtemps, (de plusieurs jours à plusieurs semaines), et les plaies ont eu le temps de se cicatriser en position souvent vicieuse.

Les lésions glottiques auront plutôt des répercussions sur le plan phonatoire. Elles vont de la simple blessure ou lacération de la muqueuse des bords libres des cordes vocales, à la diminution de mobilité de l'une des cordes vocales ou des deux, jusqu'à la luxation du cartilage aryténoïdien par rapport au cartilage cricoïde. Les lésions sous-glottiques auront plutôt des répercussions sur la fonction respiratoire. Elles se manifestent soit par des rétrécissements de la filière respiratoire impliquée soit, plus massivement encore, par une synéchie ou un accolement des structures glotto-trachéales.

Les paralysies laryngées

Le larynx, situé à la partie antérieure du cou, est très exposé aux traumatismes par voie externe. Il est directement voisin de structures importantes telles que la glande thyroïde, la partie supérieure des poumons. Son innervation motrice contribue à la qualité d'émission sonore du générateur laryngé. Elle dépend essentiellement du nerf récurrent et du nerf laryngé supérieur qui sont des branches du 10e nerf crânien ou nerf vague. L'atteinte de ce dernier, à quelque niveau que ce soit, (entre l'origine centrale située dans la boîte crânienne, ou à sa périphérie, le long de son cheminement du cerveau vers les organes de la phonation) aura pour répercussion immédiate une altération de la motilité laryngée et créera une phonopathie organique, dont le premier signe d'appel sera la dysphonie. La voix est soufflée, peu intense.

La paralysie récurrentielle est responsable de tous les degrés possibles de dysphonie jusqu'à l'aphonie complète. L'intensité des symptômes dépendra de la position qu'adopte la corde vocale ou les cordes vocales paralysées ou de l'atteinte uni- ou bilatérale de la lésion.

Les causes peuvent être soit congénitales, soit acquises ; les paralysies peuvent être uni- ou bilatérales, soit subites ou progressives, soit centrales ou périphériques. Elles sont rarement provoquées par des maladies, à proprement parler, du larynx. Elles sont plus souvent liées à des conditions pathologiques le long du nerf vague et de sa branche récurrentielle.

Les causes centrales ne représentent environ que le 10 % de toutes les paralysies. La paralysie est souvent incomplète, n'intéressant que l'un ou l'autre groupe des muscles intrinsèques laryngés (les adducteurs ou les abducteurs). Elles s'accompagnent généralement de difficultés d'articulation de la parole.

Les causes périphériques sont secondaires — à des actes chirurgicaux (chirurgie de la glande thyroïde, de la glande parathyroïde, du sommet pulmonaire, d'un diverticule d'œsophage...), — à des formations compressives (tuberculose, métastase dans un ganglion, anévrisme de l'aorte, agrandissement cardiaque, tumeur du médiastin...), — à des facteurs traumatiques, liés à une fracture de l'un des cartilages laryngés, à une bascule d'un cartilage aryténoïde, soit encore — à une sténose cicatricielle, résultant d'une séquelle d'intubation. Il peut exister encore des causes toxiques (plomb, arsenic, alcool), et enfin des étiologies infectieuses ou virales (la grippe)...

Les symptômes phonatoires sont caractérisés par une certaine monotonie de la voix, une fragilité du fondamental laryngé qui se traduit par des désonorisations, des arrêts vibratoires. Chez l'homme, on peut observer une élévation de la hauteur tonale moyenne. Ce sont surtout les altérations du timbre et de l'intensité qui sont les plus constantes. La voix a un caractère voilé, soufflé, son intensité est faible. Quelquefois, on notera une bi-tonalité. Le rythme des pauses respiratoires est rapide ; le malade s'essouffle. Sa durée de vocalisation est réduite de même que sa tessiture. Selon que la paralysie est récente ou non, la position de la corde vocale diffère. Au stade de compensation, et surtout après une thérapie vocale adéquate, la corde vocale saine rejoint la corde vocale paralysée, réalisant une fermeture de la glotte. La voix redevient claire malgré la persistance de la paralysie. Sans traitement phoniatrique, on atteint rapidement un stade d'atrophie. La corde vocale paralysée devient plus mince, arquée. La voix reste soufflée, voilée.

b) Les causes extra-laryngées

Causes portant sur la soufflerie

La colonne d'air et la pression sous-glottique sont étroitement liées à la santé des organes où s'emmagasine cet air (les poumons), ainsi qu'avec la tonicité musculaire. A chaque instant, que nous employions notre voix parlée ou chantée, nous faisons appel à un équilibre très subtil entre les muscles antagonistes et synergiques de l'acte respiratoire, qu'il s'agisse de l'inspiration ou de l'expiration. Interviennent à tour de rôle, ou de façon concomitante, les muscles intercostaux internes, les muscles intercostaux externes, le diaphragme, la musculature thoracique, la musculature dorsale. Il est dès lors aisé de comprendre qu'une pathologie pulmonaire (bronchite chronique, emphysème ou asthme) puisse altérer la qualité de la soufflerie de même qu'une maladie ou un mal-ajustement de la musculature thoracique dorsale ou abdominale. Les répercussions sur la qualité de la voix seront immédiates.

Causes portant sur les résonateurs

Si ces derniers sont lésés, soit par une malformation congénitale du voile par exemple, soit par un phénomène inflammatoire ou tumoral siégeant au niveau des lèvres, de la langue, de la mandibule, il y aura forcément une altération dans le caractère de forme et de volume variable du conduit vocal, ce qui conduira à une perturbation de qualité de la voix émise, portant essentiellement sur la résonance.

Schématiquement, on distingue :

— ***Les rhinolalies fermées*** dans lesquelles le défaut de nasalité porte essentiellement sur les consonnes. L'étiologie peut être congénitale, par non-formation des ouvertures nasales postérieures appelées choanes, ou encore acquise, liée à la présence d'un rhume, ou à des végétations adénoïdes hypertrophiques, ou encore à des masses tumorales, comme des polypes.

— ***Les rhinolalies ouvertes*** peuvent s'accompagner ou non d'une division du palais. Les rhinolalies ouvertes sans division palatine sont, soit d'origine congénitale sur un voile court ou bifide, ou encore liées à une dysharmonie de taille entre le pharynx et le voile, soit acquises comme, par exemple, dans les paralysies ou parésies du voile, ou encore liées à des séquelles post-opératoires d'une masse tumorale, ou plus simplement d'une adéno-amygdalectomie.

Les rhinolalies ouvertes, avec division palatine, sont d'origine congénitale. Elles sont présentes à la naissance et se manifestent par des troubles de la parole. Spécifiques de la non-fermeture du sphincter vélaire sont le nasonnement, la déperdition d'air nasal, un souffle nasal et des troubles articulatoires compensatoires, comme un souffle rauque, ou des coups de glotte. Moins spécifiques sont les troubles articulatoires dus à l'hypotonie de la musculature de la langue ou des lèvres ou encore à des malformations des arcades dentaires.

Les troubles de la voix sont constants. La voix est rauque à résonance pharyngée postérieure. L'intensité est diminuée et le débit haletant et monotone. Aux troubles de la voix s'associent des troubles de la personnalité liés à cette malformation visible de l'extérieur et audible ainsi qu'un retard de langage.

Causes portant sur le système nerveux central et ses voies nerveuses

Les troubles de la voix se manifestent par la dysarthrie révélée par des perturbations, tant au niveau du rythme et de l'articulation de la parole qu'au niveau des paramètres acoustiques de la voix. La voix dite neurologique peut être l'une des premières manifestations de la maladie. Il faut apprendre à l'écouter, à l'entendre, à la dissocier d'une autre pathologie.

Causes portant sur le système endocrinien

Le système endocrinien est sous la dépendance de l'hypophyse et des glandes cibles que sont la glande thyroïde, les parathyroïdes, les surrénales, les gonades... Chacune des hormones produites par l'une ou l'autre glande agit par voie sanguine sur l'organe effecteur laryngé et sur sa muqueuse. Si une pathologie se manifeste au niveau du système endocrinien, les troubles vocaux seront au premier plan, allant de la voix d'eunuque par exemple, si les gonades ne se développent pas, à celle d'une absence de mue, ou à une mue pathologique s'il y a insuffisance hormonale sexuelle. La voix présentera des arrêts vibratoires et le timbre indécis oscillera constamment entre le grave et l'aigu.

Si un traitement hormonal masculin doit être donné à une femme souffrant d'un cancer du sein, ou encore si une sportive présentant une baisse de ses performances physiques reçoit dans un but thérapeutique des anabolisants de synthèse, sa voix, progressivement, se virilisera, deviendra détimbrée, perdra de son mordant. Son étendue vocale se restreindra et la voix deviendra plus grave.

Causes portant sur le système neuro-musculaire

Dans ce groupe pathologique sont comprises les dysfonctions de type musculaire dues à des blocs de la jonction neuro-musculaire. A cette catégorie, appartiennent la myasthénie grave, la maladie de Steinert, dont les conséquences vocales sont reconnaissables à l'oreille : la voix dysphonique est soufflée.

Causes portant sur la boucle audiophonatoire

Une oreille experte reconnaît immédiatement la voix dysphonique d'un enfant sourd profond. C'est le manque de contrôle du feed-back audiophonatoire qui favorise l'émission de ces voix hautes, métalliques, non mélodieuses, à déroulement lent, dysrythmiques à pauses respiratoires anarchiques...

CHAPITRE IX

Les phonopathies dysfonctionnelles ou les maladies de la voix d'origine dysfonctionnelle

Dans sa manifestation première, la phonopathie dysfonctionnelle est caractérisée par une absence d'altération visible à l'examen laryngoscopique alors que sur le plan auditif la voix émise est perturbée. Il s'agit d'une difficulté d'émission vocale consistant en un trouble, soit de hauteur, d'intensité ou de timbre du son émis par le larynx, soit dans une modification du tonus des cordes vocales ou de ses caractères vibratoires, sous l'effet d'afférences stimulatrices ou inhibitrices provenant du système nerveux central.

L'étiopathogénie est à rechercher dans un déséquilibre momentané, psycho-affectif du sujet, auquel s'associe un facteur de surmenage brutal ou prolongé de la voix, ou encore un épisode rhino-pharyngien infectieux qui, rapidement, guérit. On est frappé toutefois par la persistance de la dysphonie qui, progressivement, devient une maladie psychosomatique correspondant à un type de réponse. L'individu, confronté à des problèmes divers tels que : angoisse, stress, insécurité, agressivité, crainte, n'arrive plus à surmonter ses influx émotionnels et, en proie à son déséquilibre psycho-affectif, développe progressivement un cercle vicieux de l'effort vocal. Pour le Huche, par exemple, il s'agit d'une somatisation caractérisée par : — l'usage du souffle thoracique ou thoraco-claviculaire, — la perte de la verticalité ou l'établissement d'un maintien postural incorrect, — une crispation générale du corps, — une impression de manque d'efficacité phonatoire malgré une dépense d'énergie qui, vue de l'extérieur, est importante, — une oppression thoracique provenant du travail excessif de la musculature respiratoire qui lutte contre l'hypertonicité du sphincter glottique.

Cet effort musculaire permanent en phonation engendre peu à peu des troubles vasomoteurs au niveau de la muqueuse, puis un œdème déterminant progressivement une réaction fibreuse, voire angiomateuse, sous l'effet du traumatisme mécanique répété de la muqueuse laryngée du bord libre des cordes vocales.

Les lésions organiques se développent sous forme de nodules — polypes — œdème — ulcère de contact — monocordite... grâce à la permanence incessante de cet effort vocal échappant à tout contrôle volontaire.

Certains facteurs peuvent favoriser l'apparition d'une phonopathie dysfonctionnelle tels que :

— Une posture corporelle déficiente avec des troubles statiques au niveau de la tête, de la nuque, de la colonne vertébrale, du bassin ou des membres.

— Une hypotonie de la musculature abdominale après une intervention chirurgicale telle une césarienne, une ablation de la vésicule biliaire, une cure de hernie hiatale.

— Une surdité profonde, dont la dysphonie se manifeste par une mélodie défectueuse, par des accents mal placés, par des irrégularités de hauteur et d'intensité.

— Des techniques vocales défectueuses, qui débutent déjà dans l'enfance, par les cris de l'enfant turbulent qui imite les animaux, les voitures... ou ses parents, souvent accentués par une mauvaise technique de chant durant la scolarité, amenant la dysphonie à persister à travers l'âge adulte.

— Des mauvaises conditions de travail, tel un milieu ambiant trop bruyant empêchant un feed-back audiophonatoire adéquat, ce qui provoque pour le patient un usage excessif de sa musculature laryngée et péri-laryngée, dans le but de produire une émission vocale jugée par lui suffisante.

— Un mauvais état général consécutif à un surmenage, à une convalescence, à une fatigue excessive, à des infections oto-rhino-laryngologiques à répétition, à des allergies, à une anémie.

— Une surcharge émotionnelle chez une personnalité sensible ou momentanément amoindrie.

1. COMMENT SE PRÉSENTE LE PATIENT DYSPHONIQUE ?

— Ses traits sont-ils crispés, flasques ? Fait-il beaucoup de gestes, a-t-il une attitude détendue, repliée sur lui-même ?
— A-t-il un débit lent, rapide ou saccadé ? Son articulation est-elle précise, sa voix est-elle stable ? ou au contraire est-elle tremblante, monotone, mélodieuse ?
— Son attaque glottique est-elle dure ? Présente-t-il des cassures phonatoires, des variations de hauteur ou d'intensité ?
— Sa voix est-elle forte ou, au contraire, faible ? Est-elle nette ou altérée ? Est-elle rauque ou voilée ? La fin de ses mots est-elle étouffée ?
— Ses reprises respiratoires sont-elles rapides, anarchiques, ou trop rares ?
— Son timbre est-il nasillard, guttural ?...
— Son dos est-il droit ou voûté ? Ses épaules tombent-elles ou se relèvent-elles avec l'inspiration ?
— Comment exprime-t-il les plaintes au sujet de sa voix ? Quelle attitude adopte-t-il pour en parler ?

2. QU'A-T-IL À NOUS DIRE :

— Sur la date et les conditions d'apparition de ses premiers troubles vocaux ? Le début en a-t-il été brutal ou imprécis ?
— Ressent-il de la fatigue vocale, une gêne laryngée lorsqu'il parle, des picotements dans la région pharyngo-laryngée, une sécheresse de la gorge, une sensation de boule ou d'étau ?
— Eprouve-t-il fréquemment le besoin de tousser, de se râcler la gorge afin de s'éclaircir la voix ?
— Dans quelles circonstances précises ressent-il ces différents signes subjectifs ? Sont-ils fonction de sa fatigue, de stress extérieur, d'états d'anxiété ou d'énervement ?
— S'agit-il de troubles apparaissant plutôt en voix chantée ou parlée, dans une relation avec un supérieur hiérarchique, dans la foule ?
— Sur l'atmosphère dans laquelle il travaille ? Y a-t-il du bruit,

de la fumée, de l'humidité ou au contraire l'air est-il trop sec ? Y a-t-il des gaz toxiques, des poussières... ? En ressent-il immédiatement l'effet, ou après plusieurs heures ?

— Ressent-il des douleurs inconstantes, mais fréquentes, dans la partie antérieure de son cou, au niveau des attaches musculaires du muscle stylo-hyoïdien ou le long du cartilage thyroïdien... ?

— Eprouve-t-il une sensation d'effort au niveau pharyngo-laryngé, lorsqu'il doit émettre une voix audible ?

— A-t-il un souffle court ? Ressent-il un essouflement ? Présente-t-il des spasmes respiratoires ?...

3. L'EXAMEN DU SUJET DYSPHONIQUE

L'examen physique porte sur le comportement bio-psycho-corporel global. On sera néanmoins plus sensible à la sphère oro-bucco-faciale, où l'on s'attachera à étudier la motilité des lèvres, l'articulé dentaire, les mouvements mandibulaires, la langue, le voile. Au niveau du pharyngo-larynx, c'est l'humidité de la muqueuse et sa coloration, le volume, la longueur, la motilité des cordes vocales, qui nous intéresseront. Par une palpation du cou, on pourra apprécier la tonicité musculaire au repos, à l'effort, lors de la phonation parlée ou chantée. La façon de respirer... est primordiale à observer : le patient respire-t-il trop superficiellement ? Utilise-t-il un mode respiratoire haut, (claviculaire, thoracique) ou plutôt une respiration costo-diaphragmatique ? (la plus efficace dans toute forme de phonation). Enfin, on s'intéressera à la posture, au maintien corporel, au port de tête, à la souplesse de la nuque...

L'examen du comportement vocal aura pour objet l'étude des paramètres acoustiques de la voix conversationnelle émise dans des conditions spontanées, puis en lecture, en voix d'appel, en voix chantée et en voix projetée, (c'est-à-dire une voix qui devrait convaincre un auditoire, une foule). On notera l'intensité, la hauteur, le timbre, le rythme, le débit, les accentuations mélodiques, les pauses, dans toutes les situations d'examen. En voix de conversation, on sera attentif au vocabulaire utilisé, à la construction des phrases.

4. QUELLES SONT LES CARACTÉRISTIQUES ACOUSTIQUES DES DYSPHONIES ?

Ce sont chacun des paramètres acoustiques de la voix qui peuvent être modifiés ou tous à la fois.

On distingue :

— Des modifications de la hauteur ; la raucité en effet s'accompagne généralement d'une aggravation de la hauteur moyenne d'intonation et du fondamental usuel. La tessiture se réduit, et les variations mélodiques deviennent faibles. Il y a donc altération de la fréquence vibratoire.

— Des modifications de l'intensité, où la voix est indifférem-ment trop faible ou trop forte, en relation directe qu'elle est avec la pression sous-glottique. La puissance vocale est en effet directement fonction de la qualité de la soufflerie, du degré de tonicité du sphincter glottique, ainsi que du comportement d'effort déployé. Les altérations du tonus glottique déterminent, en plus des modifications d'intensité, des troubles du mordant de la voix.

— Une modification du timbre où tantôt il y aura excès, tantôt insuffisance, et où la voix émise sera rauque, voilée ou soufflée.

— Une modification de la durée de vocalisation qui, dans la majorité des cas, est raccourcie. En effet, la fuite d'air peut être très importante si la tonicité glottique est diminuée, mais c'est aussi le cas lorsque trop de structures laryngées participent à la phonation comme par exemple lors d'un comportement muscu-laire d'effort exagéré qui épuise le sujet.

Dans tous les cas, que les attaques vocales soient dures ou molles, elles entraîneront une importante fatigue vocale ; des bruits surajoutés dus aux turbulences d'air s'entendront. L'impor-tance du bruit est directement en relation avec la pression sous-glottique, la forme et la tonicité de la glotte.

Une fois la phonopathie dysfonctionnelle installée, les lésions organiques apparaissent. **Elles ne sont donc pas à l'origine de la dysphonie mais engendrées par elle !**

Selon le comportement d'effort, selon la personnalité du patient qu'il révèle à travers ses expressions du visage, ses gestes, sa démarche, sa posture, deux grands types de phonopathies dysfonctionnelles se dessinent :

5. PRINCIPAUX TYPES DE PHONOPATHIES DYSFONCTIONNELLES

a) Les phonopathies hyperfonctionnelles

Le terme hyperfonction est introduit ici, car il traduit l'effort vocal permanent que développe progressivement le patient pour émettre une voix audible. Pour maintenir une voix qui émerge de ses organes phonateurs soumis au cercle vicieux de l'effort vocal : toute la musculature laryngée intrinsèque se contracte exagérément, suivie bientôt par la musculature de la partie antérieure et latérale du cou. Cette contracture musculaire échappe à tout contrôle volontaire.

La voix est caractéristique. Son attaque vocale est dure ; il y a de nombreux silences vibratoires, ce qui confère à la voix raucité et timbre métallique. La durée de vocalisation est diminuée. A la partie antérieure du cou, on note un gonflement des veines en relation avec l'importante hyperpression sous-glottique. Les épaules, elles-mêmes, se soulèvent à l'inspiration.

Le patient se présente souvent avec une mimique crispée ; pour accompagner sa phonation, il fait de nombreux petits mouvements des épaules, des mains, des bras ; ses gestes contrastent avec la raideur de sa nuque et de son dos ; il serre les dents, sa mandibule est crispée.

L'image laryngoscopique est caractéristique : les cordes vocales sont rouges, le bord libre devient irrégulier, œdématié. Les fausses cordes ou bandes ventriculaires s'hypertrophient, se gonflent, se serrent l'une contre l'autre. Progressivement apparaissent les nodules, les polypes, un hématome ou une hémorragie sous-muqueuse, ou encore des ulcères de contact.

L'image stroboscopique frappe par des vibrations rapides de faible amplitude, qui n'intéressent que le bord libre des cordes vocales.

b) Les phonopathies hypofonctionnelles

Contrairement à ce qui vient d'être décrit, l'hypofonction résulte plutôt d'une hypoactivité, d'une hypotonicité des muscles responsables de la phonation, notamment de la musculature intrinsèque laryngée. L'hypofonction, qui peut être soit primaire, soit secondaire, est essentiellement caractérisée par une faiblesse de la voix. Les formes d'emblée primaires sont rares. Par contre, les formes secondaires, en particulier aux formes hyperfonctionnelles sont plus fréquentes. Le patient installé dans sa phonopathie hyperfonctionnelle contracte toute sa musculature phonatoire, contrôle imparfaitement son souffle et au fur et à mesure que le temps s'écoule, installé dans son mécanisme d'effort, il sollicite de plus en plus les muscles abaisseurs et élévateurs du larynx, c'est-à-dire le mécanisme de suspension. A un moment donné, la tension déployée par la musculature extrinsèque devient telle qu'elle prend le pas sur la musculature intrinsèque laryngée. Comme celle-ci n'est plus mise à contribution de façon adéquate pour assurer une phonation normale, et qu'elle n'est pas utilisée judicieusement, elle s'atrophie progressivement. L'hypofonction, dans ce cas, n'est qu'une conséquence de la phonopathie hyperfonctionnelle.

Le patient atteint d'une phonopathie hypofonctionnelle émet une voix plutôt faible, peu intense et soufflée. Sa fatigue vocale est importante. Il ressent peu à peu une gêne, l'impression de la présence d'un corps étranger dans sa gorge qui n'est en fait que le témoignage du combat musculaire incessant que livre sa musculature laryngée extrinsèque pour améliorer sa qualité de voix, et surtout pour la rendre audible tant en voix parlée que chantée... mais le raclage permanent de sa gorge ne fait qu'empirer la situation et les cordes vocales s'abîment de plus en plus...

La durée de vocalisation diminue progressivement. Les attaques vocales sont molles, soupirantes, aspirées. On entend des fuites aériques durant la phonation et les reprises inspiratoires sont fréquentes.

L'image laryngoscopique est caractéristique. Les cordes vocales ne s'affrontent pas, ou mal, puisqu'il y a une fuite aérique. On observe soit un triangle postérieur, soit une glotte à forme ovalaire, ou en sablier durant la phonation.

Le larynx, et notamment les cordes vocales, peuvent montrer des cicatrices sur leur bord libre qui devient irrégulier, ou le siège d'un œdème ou d'une hémorragie localisée.

A l'examen stroboscopique, les cordes vocales, contrairement à la forme précédente, sont mues par des vibrations de grande amplitude et sur toute leur épaisseur.

Bien que nous nous soyons efforcés de présenter les deux grands types de phonopathies dysfonctionnelles dans une formulation très en contraste, il ressort qu'il est rarement possible de classifier une dysphonie dans l'une ou l'autre catégorie. Tout dépend du degré d'évolution de la dysfonction, de la personnalité du patient, de son comportement global. Il peut avoir développé un comportement d'effort, soit originellement en réponse à une phonopathie plutôt hyperfonctionnelle, soit secondairement, dans une forme plutôt hypofonctionnelle, où il lutte avec la musculature qui est la sienne pour émettre une voix qui, sitôt émise, l'épuise. Le terme phonopathie dysfonctionnelle mixte couvre l'ensemble des deux tableaux. C'est la forme la plus fréquemment rencontrée.

Ce qui seul, en définitive, compte, c'est le diagnostic du mécanisme dysfonctionnel prédominant, son stade d'évolution, sa durée d'installation, l'attitude psycho-bio-mécanique générale du patient... afin de pouvoir introduire le plus rapidement possible une thérapie vocale appropriée et adéquate.

c) **Les aphonies ou dysphonies d'origine psychogène**

Soumis à des influences provenant d'un psychisme perturbé, le patient, atteint de cette forme de pathologie, peut réagir de deux manières :

— Soit il n'émet aucun bruit, aucun son. Il observe un mutisme complet. Il est évident que ses organes phonateurs, en particulier la soufflerie et le conduit vocal, sont anatomiquement et physiologiquement normaux, ainsi que le générateur laryngé, que le patient n'utilise pas.

— Soit il s'exprime à voix chuchotée, avec une articulation normale, ou encore en alternant la voix chuchotée à l'émission de sons à timbre serré, éraillé, coincé. Le tout est accompagné d'un intense comportement d'effort de la musculature du cou. Les traits peuvent se figer et le patient peut présenter des tremblements, une sudation excessive, une sensibilité exacerbée.

Dans les deux cas, la toux, le rire spontané et parfois la voix chantée, sont parfaitement réalisables et sonores.

d) Les dysphonies spasmodiques

Il s'agit en effet d'une forme rare des phonopathies dysfonctionnelles et aujourd'hui l'orgine organique du trouble est soulevée.

Il s'agit d'un syndrome vocal caractérisé par une contraction violente des cordes vocales pendant la phonation, accompagnée par un très important comportement d'effort. Tout le système phonatoire est tendu de façon extrême.

La voix est rauque, et le fondamental moyen est éminemment variable, soit trop aigu en particulier chez l'homme, soit trop grave. L'intensité est variable ; le timbre est coincé, serré ; les arrêts vibratoires, les cassures de voix sont fréquents notamment dans les notes aiguës. La voix chevrote.

La respiration est caractéristique. Le patient est en proie à un spasme respiratoire ; les troubles de coordination pneumophonique sont manifestes ; le débit est irrégulier, dû en particulier à l'hyperpression sous-glottique ; les reprises phonatoires en inspiration sont fréquentes.

Sur le plan articulatoire, le malade donne l'impression de parler entre ses dents. En effet, toute sa musculature phonatoire est hypercontractée, et la motricité articulatoire se trouve réduite. Les accentuations mélodiques sont inadéquates. Phénomène curieux décrit par Aronson, les voyelles sont distordues, ce qui donne l'impression que le malade parle dans une langue étrangère.

Au niveau de la face, on peut observer une congestion liée à la phonation forcée ; des tics, des clignements de paupières, des froncements de sourcils, une torsion de la face sont fréquents. Le tout est accompagné d'un tremblement des mains ou de la tête.

L'image laryngoscopique montre des cordes vocales parfaitement blanches, mues par des petits tremblements, et associée au défaut de fermeture, la tension glottique est importante. Les bandes ventriculaires font saillie ; la musculature intrinsèque seule ou toute la musculature intrinsèque et extrinsèque, sont utilisées de façon excessive, ce qui détermine parfois des contractures cervicales visibles.

L'étiopathogénie de la dysphonie spasmodique est objet de controverse. Comme elle frappe surtout les sujets anxieux, nerveux, aux réactions psychologiques instables, on aurait plutôt tendance à évoquer une étiologie purement psychogène à l'affection. On pense que sur un terrain névrotique prédisposé, se dresse un facteur déclenchant qui peut être la mort d'un parent, un conflit professionnel ou familial, des difficultés matérielles importantes ; le patient développe progressivement une névrose d'angoisse sur le plan verbal. Récemment, Aronson insiste sur la fréquence, statistiquement significative, d'atteintes neurologiques centrales accompagnant la dysphonie spasmodique. Dans de nombreux cas, il a trouvé des électro-encéphalogrammes pathologiques et des signes d'atteinte pyramidale. Pour cet auteur, la dysphonie spasmodique pourrait, dès lors, être un symptôme d'une maladie du système nerveux central.

Il est intéressant de savoir que la maladie se distribue également pour les deux sexes, que la moyenne d'âge d'apparition est d'environ 50 ans et que les malades appartiennent souvent à un milieu socio-culturel cultivé. Beaucoup d'entre eux sont des professionnels de la voix, des enseignants, des comédiens...

CHAPITRE X

Les dysphonies infantiles

Environ 8 à 12 % de la population scolaire normale présente une raucité vocale. Dans tous les cas pratiquement, il s'agit de phonopathies dysfonctionnelles, les dysphonies d'origine organique étant rares chez l'enfant. Généralement, la dysphonie apparaît liée à une mauvaise utilisation de la voix, générée par un défaut de coordination entre le souffle et le vibrateur laryngé. Comme pour l'adulte, la dysfonction vocale provoque une altération progressive de la muqueuse des cordes vocales, bientôt apparaissent les nodules, les polypes.

La voix de l'enfant dysphonique est rauque, forcée, éraillée, quelquefois sifflante, liée à l'hyperpression sous-glottique et au comportement d'effort de la musculature laryngée. Le fondamental moyen est souvent aggravé, l'intensité vocale est variable mais fréquemment trop forte.

Le plus souvent, l'enfant dysphonique parle vite, il serre les dents, il articule mal. Son débit est explosif, saccadé, entrecoupé de blocages respiratoires. Les arrêts vibratoires sont fréquents.

L'enfant dysphonique respire trop vite. Il emploie une respiration haute, de type costal supérieur. Sa musculature abdominale est hypertonique, avec son cortège de répercussions au niveau de la musculature laryngée et péri-laryngée. Parler en inspirant n'est pas rare ! En plus, il chante souvent faux, aussi bien dans les sons graves que dans les sons aigus. Sa voix est voilée, rauque, ou criarde. S'il chante juste, il ne peut émettre qu'une voix de poitrine. S'il essaie de monter, de donner une intonation ascendante et mélodieuse à sa voix : cette dernière se casse.

L'enfant, lui aussi comme l'adulte, ressent une sécheresse de gorge, qu'il racle de façon incessante. Il émet une toux irritative.

L'image laryngoscopique, comme pour l'adulte, va dépendre du caractère, soit hyper soit hypofonctionnel du trouble vocal.

La forme hypofonctionnelle primaire, pure, est plutôt rare. Ce sont les formes hyperfonctionnelles qui prédominent avec l'installation progressive de l'enfant dans un comportement d'effort qui se poursuit une fois déclenché et s'intensifie. Peu à peu, le même phénomène que chez l'adulte s'observe : on assiste à la mutation de la forme hyperfonctionnelle en forme hypofonctionnelle. Les cordes vocales gonflées s'amincissent progressivement. La glotte devient de moins en moins compétente par rapport à la sus-glotte hypercontractée. La musculature du cou s'hypertrophie. Les veines de la partie antérieure du cou émergent, gonflées, bleuâtres. La posture de l'enfant change progressivement. Utilisant essentiellement sa respiration thoracique haute, il a tendance à voûter son dos, à fléchir son tronc, à redresser la tête en avançant son menton. Sa musculature abdominale fait saillie.

1) ÉTIOPATHOGÉNIE

• L'enfance : c'est la période des affections des voies respiratoires supérieures. Les rhumes, les otites, les adénoïdites, les angines, les rhino-pharyngites, les bronchites font recette. Elles sont statistiquement beaucoup plus fréquentes que chez l'adulte. Ces affections à répétition fragilisent les muqueuses, notamment les voies respiratoires supérieures qui sont constamment hyperémiées, rougies par les phénomènes irritatifs liés à la présence de pus, à son écoulement par l'arrière nez, dans les voies aériennes inférieures et digestives. Le pus nasal, « les chandelles » se drainant préférentiellement vers l'oreille moyenne, par l'intermédiaire des trompes d'Eustache, situées horizontalement par rapport à la partie supérieure du pharynx, provoqueront des otites... peut-être une surdité...

• L'enfance : c'est l'époque de l'apprentissage : pour apprendre, l'enfant imite. Selon son caractère, il imite l'un ou l'autre parent, un frère plus grand ou plus petit ! Il contrefait les cris d'animaux, le bruit des voitures, des avions... tous les bruits de son environnement sonore ! Plus tard, à l'école, il est influencé par son institutrice, il imite ses inflexions de voix, son accent..., son problème vocal même, si elle en a un ! Dans un milieu familial bruyant, il parle fort pour se faire entendre. Il crie !

• L'enfance : c'est tendre vers l'état adulte. L'enfant doit se distinguer des grands ! Il le fera par son individualité, son tempérament, son caractère, son affectivité, son psychisme.

Il peut être turbulent, plein de vie, débordant d'énergie, autoritaire, piquant des crises de colère qui sont parfois difficiles à canaliser, il peut être plutôt calme, hypersensible, timide, replié sur lui-même, s'exprimant avec gêne, établissant difficilement un contact avec le monde adulte ; dans les deux cas : il peut développer une opposition nette à ses parents, à l'un d'entre eux, à ses frères ou sœurs, au monde scolaire, aux camarades d'école qu'il voudra dominer, ou par lesquels il sera dominé. Dans les deux cas aussi et quel que soit le type d'enfant : l'anxiété prédomine et parfois même une agressivité latente.

• L'enfance : c'est la période de croissance.

Les structures anatomiques se transforment, prennent leur forme, leur position définitive. Les dents de lait poussent, tombent, apparaissent les dents définitives. Le palais se forme, la mandibule se développe, la langue se positionne par rapport aux dents. C'est l'époque des possibles troubles de l'articulé dentaire favorisés par un suçage de pouce, un rhino-pharynx encombré par des végétations, ce qui va déterminer une respiration buccale.

Le couloir dentaire étant le lieu d'équilibre normal entre la poussée linguale en avant et la sangle labio-jugale qui opposent leurs forces sur les deux faces des arcades dentaires, ces dernières sont susceptibles d'être déformées. Un déséquilibre de l'une ou l'autre de ces lignes de forces va créer une poussée dans l'un ou l'autre sens ce qui provoquera l'apparition d'un prognathisme, c'est-à-dire d'un maxillaire supérieur qui s'avance, d'une béance entre les incisives, ou encore une rétraction de la mandibule. Comme la soudure osseuse de la voûte palatine n'est pas encore terminée, le courant d'air inspiratoire provoque des turbulences dans la bouche, qui peuvent même conduire à une déformation de la voûte du palais, si l'enfant persiste dans sa respiration buccale.

Comme chez l'adulte, apparaissent au niveau des cordes vocales : des nodules, des polypes ou un œdème, et l'enfant est obligé de s'installer dans un cercle vicieux d'effort vocal pour se faire entendre. Les périodes de repos entre l'inspiration et l'expiration au cours de la respiration diminuent ; de la musculature abdominale, les tensions diffusent vers les muscles laryngés et périlaryngés. La posture change progressivement et, en se cassant, modifie l'équilibre de la colonne vertébrale, dont la déviation d'un seul des segments peut créer des courbures incorrectes compensatoires, et à nouveau engendrer des crispations dans la région laryngée, ou/et périlaryngée. Pour se faire entendre, pour « mieux » parler, l'enfant s'aide de plus en plus de ses épaules, de ses membres, de ses mains. Il fait des syncinésies.

2) L'ENFANT ET LA VOIX CHANTÉE

Jusque vers l'âge de 12 ans, l'étendue vocale chez les garçons est de 14 à 19 demi-tons ; elle est de 16 à 22 demi-tons chez les filles. L'étendue vocale donc, avant la puberté, est d'environ une octave et demie.

Une des questions les plus fréquemment posées est de savoir s'il est possible de chanter pendant la mue. Prétendre qu'il ne le faudrait pas est assurément faux mais il faut le faire sous la direction d'un professeur de chant ou d'un chef de chœur attentif. Il est possible d'introduire des exercices adéquats de la musculature vocale durant cette période et de faire chanter à l'enfant des partitions qui conviennent à sa voix. Chez le garçon, la voix, pendant plusieurs mois, présente un timbre instable. Le plus simple est d'utiliser peu d'énergie en voix chantée et de recommander le chant dans la partie inférieure de la tessiture. Il est bon de favoriser la voix de poitrine, afin de faire sentir au garçon les sensations nouvelles de sa future voix d'homme. On s'efforcera de ne pas le faire chanter trop fort et surtout dans une tonalité qui lui convienne.

Les exercices vont consister à ne pas trop forcer ni vers l'aigu ni vers le grave ; à faire chanter, par tierces, en registre mixte et plutôt en descendant du registre de tête vers celui de poitrine. Il importe que l'enfant ne chante pas plus de 10 minutes par jour durant la mue. Ce n'est qu'à partir de 16 à 18 ans que les exercices de voix de 20 à 30 minutes par jour pourront être introduits. Il est inutile de faire chanter un répertoire trop difficile, ou qui demande une mémorisation trop importante. Il faut aussi veiller à ne pas faire chanter les enfants en fin d'après-midi ou après des efforts physiques importants.

Les problèmes principaux auxquels se heurte l'enfant sont sa tendance à chanter trop fort, à forcer sa voix et ceci en toute circonstance. Difficile auussi est le problème de la justesse. Il lui faut beaucoup de concentration pour chanter juste et pour mémoriser auditivement les mélodies.

Si au seuil de sa vie d'adulte, l'adolescent désire entreprendre une carrière de chant, il est nécessaire qu'il possède, alliés, à une excellente santé physique et mentale, des organes phonateurs parfaitement adaptés et dont l'anatomie et la physiologie soient normales. Se posera bientôt le problème du classement vocal de la future voix. Faut-il orienter tel ou tel adolescent ou adolescente vers une tessiture de basse ou de ténor ? d'alto ou de soprano ? On peut simplement constater que des palais larges et plats, ainsi que des cordes vocales longues et fines, s'observent plutôt chez les basses et les altos alors que les palais hauts et étroits, et des cordes vocales courtes et larges, sont plutôt le fait des ténors et des sopranos. Les barytons et les mezzo-sopranos se situent entre les deux.

CHAPITRE XI

Les méthodes thérapeutiques des phonopathies non malignes

Le terme malin recouvrant le groupe des lésions cancéreuses ou compressives des organes de la phonation : nous choisissons de ne traiter que la thérapie des lésions bénignes laryngées, les troubles de la motricité laryngée et les phonopathies dysfonctionnelles, c'est-à-dire les troubles de la voix susceptibles d'être améliorés ou guéris par une rééducation vocale dont nous développerons les principes les plus importants ultérieurement.

1) SANCTIONS MÉDICALES DES LÉSIONS BÉNIGNES RÉVERSIBLES

		Médecine allopathique
Rhumes — sinusites (inflammation de la muqueuse des fosses nasales et des sinus) Laryngites (inflammation du larynx)	*Localement :*	Lavages de nez avec une solution physiologique (9 gr. de sel pour 1 litre d'eau). Gouttes nasales vasoconstrictrices. Inhalations. Pulvérisations nasales et buccales. Aérosols.
	Par voie générale :	Antihistaminiques (antiallergiques) dont l'effet décongestionnant est recherché.

		Fluidifiants (dérivés soufrés de la cystéine) : ce groupe de médicaments lutte contre les sécrétions muqueuses secondaires à l'inflammation et l'irritation des voies respiratoires supérieures.
		Anti-inflammatoires (de préférence les dérivés enzymatiques à ceux du phénylbutazone).
		Antibiotiques (éventuellement).
		Corticothérapie (avec la plus grande circonspection). La cortisone ne devrait se donner qu'en cas d'urgence médicale (chanteur, artiste, politicien, enseignant se trouvant dans la nécessité d'assurer un spectacle ou un cours).
+ Toux		Antitussifs (contenant de la codéine ou non).
+ Maux de gorge		Gargarismes à l'aide de solutions désinfectantes, antiseptiques ou anesthésiantes de surface.
	+	Pastilles à sucer. (Attention : contiennent souvent des antibiotiques.)
	Vaccinothérapie :	Dans le but de renforcer les défenses immunitaires.
	Vitaminothérapie :	C : effet stimulant général A : contribue à la synthèse des mucopolysaccharides favorisant ainsi le rétablissement de l'épithélium irrité ou enflammé.

	Médecine homéopathique
	(applicable selon des modalités bien définies) — Allium Cepa — Silicea — Colchicum. — Aconit — Apis Mellifica — Arnica — Arum Triphyllum. — Populus Candicans.
Phytothérapie :	— Sarriette, Thym, Origan, Romarin.
Oligo-éléments :	Cuivre, Cuivre + Manganèse, Soufre, Cuivre + Or + Argent.
Infusions :	Thym, Eucalyptus, Sauge, Réglisse, bourgeons de sapin auxquels peuvent s'ajouter miel et citron.

2) SANCTIONS CHIRURGICALES DES LÉSIONS BÉNIGNES IRRÉVERSIBLES OU PHONOCHIRURGIE

La phonochirurgie a comme fonction première de tendre à rendre la voix.

Enfants

Pathologie	**Techniques opératoires**
— Sténose — Palmure — Papillomatose	La laryngoscopie directe et la microlaryngoscopie en suspension permettent : — soit une dissection microchirurgicale avec une instrumentation adéquate,

	— Granulome post-intubation	— soit une application de Laser : (Light Amplification by Stimulated Emission of Radiations) ou méthode rendant cohérente l'émission de la lumière. Le Laser agit par son effet thermique et détruit les lésions sous contrôle visuel du chirurgien.
Adultes	**Lésions atteignant :** a) **L'épithélium de la muqueuse** - nodule constitué dur - polype - dégénérescence polypoïde - œdème de Reinke - pseudomyxome (œdème chronique gélatineux) - granulome inflammatoire	Microlaryngoscopie en suspension selon la méthode de la dissection microchirurgicale ou du laser.
	b) **Les couches sous-épithéliales** (sous muqueuses) et conjonctivales - kyste - pseudokyste muqueux ou séreux - sulcus	Dissection fine, uniquement sous grossissement microscopique et laryngoscopie en suspension.

c) **Couches sous-conjonctivales** - myome - chondrome - neurinome, etc.	Dissection fine, uniquement sous grossissement microscopique et laryngoscopie en suspension.
d) Dislocation crico-aryténoïdienne fraîche	Réduction instrumentale immédiate
e) Lésions nerveuses - unilatérale (paralysie récurrentielle) - bilatérale en adduction	En cas d'échec des mesures rééducatives de la voix : injection de substances amorphes (Téflon, glycérine, Gelfoam) dans la corde vocale paralysée. Phonochirurgie par voie endoscopique : Cordopexie, exérèse d'un cartilage aryténoïde.
f) Voix trop basse (virilisée chez la femme par des hormones androgéniques ou chez les transsexuels)	Phonochirurgie par voie externe, cervicale.

3) LES PHONOPATHIES DYSFONCTIONNELLES ET LEURS PRINCIPES RÉÉDUCATIFS PRINCIPAUX

Toutes les phonopathies dysfonctionnelles sont liées à une mauvaise technique et maîtrise du souffle, à une posture ou à un port de tête inadéquat, à une crispation musculaire généralisée ou localisée, déterminant une rupture de l'équilibre dynamique entre la soufflerie et le générateur laryngé, puis entre le générateur et les cavités de résonance.

Toute thérapie visera à **déconditionner** certains automatismes et à **faciliter** leur remplacement, au fur et à mesure du traitement, par des mécanismes physiologiques plus équilibrés et moins pathogènes.

Les points principaux de toute rééducation consistent à encadrer le patient, à lui expliquer son problème en le confrontant à ses difficultés vocales afin qu'il puisse prendre la décision de participer, ou non, aux exercices nécessaires à l'acquisition d'une émission vocale correcte. Pour le patient, c'est probablement apprendre à s'écouter qui est la part la plus difficile de sa thérapie vocale. Il doit s'initier à reconnaître sa voix, sa hauteur fondamentale, à développer les aptitudes de contrôle de son émission vocale. On comprend le rôle primordial du modèle, c'est-à-dire du thérapeute.

On expliquera ensuite la nécessité d'une respiration correcte. L'importance du bassin et de son mouvement de bascule, du port de la tête, de la position des épaules, de la nuque, des membres, des pieds et de leur appui au sol.

Toute thérapie vocale se faisant par apprentissage d'exercices visant à corriger une phonation incorrecte : il est préférable, au début du moins, que les exercices relatifs à la respiration et à la résonance se fassent en position assise : les jambes légèrement écartées, les mains sur les cuisses, la tête légèrement inclinée en avant et le menton relâché. La répartition du poids corporel est ainsi mieux équilibrée et les exercices de souffle plus faciles. Pour détendre la région de la nuque et du trapèze, la position assise est aussi favorable : les mouvements de la tête sont plus aisés par rapport à la nuque, aux épaules et à la musculature dorsale. Ce n'est qu'ultérieurement que l'on introduira la notion de la posture optimale que doit adopter le patient, et les mouvements corporels adjuvants lui permettant une efficience vocale maximale.

L'approche des méthodes de relaxation est le pas suivant. En effet, installé dans un mécanisme de contracture musculaire excessif, le patient utilise son appareil phonatoire d'une façon inadéquate, tendue et crispée.

Les méthodes de relaxation globales visent à lui faire prendre conscience de sa crispation intérieure, et à lui enseigner comment libérer ses tensions. Ces méthodes s'adressant à la fois au corps et au mental... et faisant toutes appel aux sensations corporelles : la position couchée sur le dos est sans doute la meilleure, tout au moins au début.

Qu'il s'agisse des méthodes de relaxation s'adressant au contrôle profond du souffle, à la suggestion, à la relaxation progressive, ou encore aux méthodes développant une tension musculaire induite, avec introduction volontaire d'une réduction de la contraction... toutes les méthodes, si elles sont bien dominées par le thérapeute qui saura les enseigner, auront un effet positif sur le patient.

Les méthodes les plus connues sont celles de :

— *Edmund Jacobson* : qui procède par contractions et décontractions musculaires successives des différents membres, accompagnées d'explications données par le thérapeute, relatives aux sensations à éprouver. Le patient apprend à focaliser son effort sur une détente du corps dans sa totalité avant d'affronter les exercices de relaxation différentielle, adaptation de ces vécus libérateurs aux activités rencontrées dans la vie quotidienne. La relaxation différentielle permet d'économiser l'énergie de l'être humain, qui peut ainsi travailler avec un maximum d'efficacité. C'est une méthode dynamique faisant appel à la motivation du patient d'où son efficacité.

— *Le training autogène de J.-H. Schultz* : qui relève d'une technique de relaxation par auto-déconcentration concentrative. A partir d'une décontraction musculaire et viscérale, nécessitant la collaboration du patient, on obtient peu à peu une détente psychologique et un apaisement du psychisme. Pour le patient : la progression se fait par la sensation de pesanteur, de chaleur, l'écoute des battements de son cœur, le contrôle de sa respiration, puis la sensation de chaleur au niveau de son plexus solaire, enfin de froid au niveau de son front.

— *L'eutonie développée par Gerda Alexander* : est un état dans lequel tout mouvement est effectué avec un minimum d'énergie et se réalise par une maîtrise du corps au repos, en situation et en relation avec l'autre. L'eutonie vise à confronter l'être dans sa totalité, et le tonus reflète aussi bien l'état organique que psychique de l'individu.

— *J. de Ajuriaguerra* : méthode inspirée du training autogène de Schultz et de la psychanalyse. Il s'agira de rechercher la détente pour soi, la découverte de soi à travers le corps, le dialogue tonique avec autrui joint à une analyse du vécu interrelationnel.

Dès que le patient aura pris conscience des effets favorables de la relaxation globale sur lui, grâce à l'approche de l'une ou l'autre méthode, *des exercices de relaxation plus localisés*, notamment au niveau de la mâchoire seront introduits. On fera effectuer des exercices de mâchouillage, complétés par des mouvements de la langue, des lèvres, du cou, du larynx, des épaules, de la tête, du dos ou du bassin.

La rééducation se poursuit dans tous les cas par les *exercices de la respiration*. Le patient doit absolument apprendre comment régler la pression de son souffle.

La respiration, permettant la phonation et le chant, est sensiblement différente, nous l'avons vu, de la respiration de repos. C'est surtout à l'expiration que la différence est marquée.

A l'état de *repos*, la respiration commence par un mécanisme costo-diaphragmatique. En effet, le diaphragme dans sa contraction inspiratoire descend, abaissant les poumons, permettant ainsi leur expansion maximale. Les viscères sont légèrements refoulés vers le bas, la paroi antérieure de l'abdomen se gonfle, la cage thoracique s'ouvre dans les trois dimensions. L'expiration au repos est surtout passive. Le diaphragme se décontracte lentement, remonte. Les forces élastiques de retour exercent leur effet optimal ; la cage thoracique se referme. Le contenu abdominal reprend sa place.

Si l'expiration passe sous *contrôle volontaire*, il s'y ajoute une contraction de la musculature abdominale et dorsale qui devient visible. La partie haute de la cage thoracique doit rester ouverte.

Il est préférable que l'air inspiratoire passe par le nez où il est humidifié, réchauffé, filtré. La muqueuse nasale, excitée par le passage de l'air, augmente aussi par voie réflexe l'amplitude des mouvements respiratoires.

Durant la phonation et la voix chantée, *l'expiration active* doit être ralentie et contrôlée. La pression d'air sous-glottique et le réglage du débit aérien par la musculature respiratoire et la posture priment.

On introduira d'abord *des exercices respiratoires à vide* sans phonation. Puis l'on insistera sur l'existence des différents muscles respiratoires, qu'il s'agisse des muscles inspiratoires ou expiratoires, et l'on fera prendre conscience de la nécessité de ne pas utiliser les muscles inspiratoires accessoires. En aucun cas par ailleurs il ne faudra bloquer la cage thoracique à l'expiration. Il faut rechercher, en toute circonstance, l'adaptation de la respiration à la situation. Il faut qu'elle soit économique, tout en gardant son efficacité. On recherchera constamment l'équilibre dynamique entre les forces inspiratoires et expiratoires.

Enfin, l'on introduira un *travail purement vocal* qui portera sur :

— **La suspension du larynx :** exercices de bâillement, coups de glotte [**aaa**] très doux et souples.

— **Le travail des différentes cavités de résonance :** par des exercices adéquats, on fera prendre conscience de la position laryngée plus ou moins basse, d'un pharynx plus ou moins dilaté, de la position du voile du palais, de la mâchoire, de la langue, des lèvres et de la sangle oro-bucco-faciale. On fera découvrir au patient comment des lèvres arrondies confèrent un caractère sourd et sombre à la voix, tandis qu'au contraire s'il les tire en arrière dans une position de sourire, son timbre devient plus clair.

— **Les points vibratoires et les lieux de placement du son :** seront expliqués puis exercés et ressentis. On fera émettre, en voix chantée agréable sur une seule note, et en voix de poitrine, [**mah**] puis [**mam**] puis [**gnam**] puis [**gnem**]... [**gnom**]... [**gnum**]... [**momm... m...**]. Les points de résonance seront sentis, perçus vers la poitrine, lorsque la voix sera émise en mécanisme de poitrine, puis dans la tête au niveau du massif facial, des sinus, lorsqu'elle sera émise en registre de tête.

— **La coordination pneumo-phonique :** il faudra exercer essentiellement la puissance de la voix en fonction de la pression sous-glottique et de la tonicité du sphincter glottique. La note [a] sera émise sur une même hauteur mais on fera varier l'intensité d'abord pianissimo puis forte puis pianissimo...

$$a < a > a$$

Les différents paramètres acoustiques de la voix pourront maintenant être travaillés.

— **L'intensité :**

Vocalises « mezza-voce » sur [ye] en débutant à une tierce environ au-dessus du fondamental moyen de la voix parlée puis passage en maintenant une hauteur tonale constante, de la nuance la plus faible à la plus forte, puis à la plus faible de nouveau (crescendo, decrescendo).

ya < ya > ya
ye < ye > ye
yu < yu > yu

et terminer sur le même souffle sur [m]

puis

* forme des lèvres

yayaya yoyoyo yuyuyu

On remarquera que la voyelle [i] n'est pas utilisée au début, pour ne pas induire de tensions musculaires inadéquates.

— **Le timbre :**

— Après une inspiration profonde mais sans exagération, introduction de vocalises en **legato** (lié) sur les syllabes :

— [dadada] [dédédé] [dididi] [dododo] [dududu] (pour les voix nasillardes)

— [yayaya] [yéyéyé] [yiyiyi] [yoyoyo] [yuyuyu] (pour les voix plutôt gutturales)

— [lalala] [lélélé] [lilili] [lololo] [lululu] (pour une position trop postérieure de la langue...).

En **staccato** (détaché) : inspirer profondément — observer une pause courte puis expirer sur les syllabes [hahaha] [héhéhé] [hihihi] [hohoho] [huhuhu] en détachant chaque syllabe. On évite comme cela le coup de glotte dure ainsi qu'une contraction laryngée excessive qui provoquent serrage, altération du timbre et de la justesse.

etc.

— **La hauteur :**

Après une inspiration profonde, expirer autour du fondamental moyen sur [aaa] [ééé] [iii] [ooo] [uuu] sans interrompre le souffle, en marquant chaque voyelle par une poussée du diaphragme (**marcato** : accentué). Puis introduire des vocalises sur les voyelles ouvertes toujours sur le fondamental moyen de la voix vers le haut et vers le bas.

En voix chantée : l'expiration doit devenir un geste parfaitement contrôlé. Le sujet doit en être maître, et conserver la faculté à chaque instant de l'amplifier ou de le diminuer. Il garde une posture thoraco-abdominale et dorsale ferme, tout en contrôlant la fermeture costale au moyen des muscles dorsaux et des muscles transverses thoraciques. Le support abdominal ne doit pas se relâcher avant la fin de la phrase mélodique chantée.

Le mouvement expiratoire toutefois change selon qu'il s'agit d'émettre un son grave ou au contraire un son aigu, un son fort ou pianissimo. Les efforts expiratoires, notamment dans les notes aiguës et fortes, ne doivent pas être demandés à la musculature thoracique antérieure uniquement mais encore aux abdominaux et aux muscles qui fixent leurs insertions sur la partie postérieure de la cage thoracique et sur la colonne vertébrale c'est-à-dire aux muscles dorsaux : grand dentelé, grand dorsal, trapèze...

Enfin, dans tous ces exercices, il convient de basculer le bassin selon l'effort phonatoire fourni, de veiller à ce que les genoux ne soient pas arqués vers l'arrière et que les pieds soient parallèles, légèrement écartés, pour répartir plus uniformément le poids corporel et prendre appui au sol.

4) PRINCIPES RÉÉDUCATIFS PLUS SPÉCIFIQUES DE PHONOPATHIES DYSFONCTIONNELLES PARTICULIÈRES

a) Les phonopathies hyperfonctionnelles

Les techniques indiquées ici concernent le problème bien particulier du patient installé dans son comportement d'effort vocal, et dont toute la musculature est tendue et crispée. Toutes les techniques ont pour but de l'emmener à identifier sa tension inutile, à la contrôler afin de retrouver un comportement vocal normal. Brièvement résumées, ces méthodes de rééducation utilisent :

— **La position du corps,** où l'on cherchera à favoriser les attitudes corporelles propres à chaque individu, afin d'éliminer les tensions musculaires et faciliter la respiration et la phonation.

— **La position de la tête,** elle aussi propre à chaque patient, pour l'induire à une plus grande détente de la musculature du cou, de la nuque et des épaules. On reste stupéfait des performances vocales meilleures obtenues pratiquement sur-le-champ.

— **Le fredonnement,** ou « humming », décrit par Cooper.

Les fosses nasales deviennent le siège de vibrations grâce à l'émission d'un [hum, hum...] prolongé. Peu à peu, grâce à l'utilisation de ce fredonnement, la tonalité optimale vocale sera obtenue et le patient sera amené à placer sa voix « dans le masque ». On enchaînera ensuite en ajoutant au [hum, hum...] les voyelles [ou, u, o] qui impliquent une projection labiale et facilitent ainsi la résonance de la voix vers l'avant de la cavité buccale. On passera ensuite à des listes de mots débutant par des voyelles, enfin à des phrases. Un massage doux et profond de la nuque et des parties latérales du cou durant cet exercice peut accentuer l'impression de détente obtenue.

— **La mastication,** ou « chewing method », décrite par Froeschels.

Par des mouvements de mastication à vide, c'est-à-dire sans nourriture dans la bouche, on provoque la détente de la mâchoire, de la gorge, de la langue et des lèvres. Les exercices peuvent être faits bouche ouverte puis bouche fermée. On intégrera progressivement la phonation aux mouvements de mastication, afin d'obtenir une production vocale détendue [momm] [maom]... [miaom]...

— **Le tapotement doux de la partie haute du thorax,** tout en produisant un [momm-momm].

— **Le soupir** que l'on introduira en faisant inspirer lentement le sujet par le nez puis en lui demandant de soupirer longtemps, longuement sur [mm... m]. On intégrera ensuite la phonation à la phase expiratoire. On débute par des mots qui commencent par un [h] aspiré suivi de voyelles ouvertes comme par exemple [habit]. Cette technique amène une facilitation de la phonation.

— **Le bâillement** que l'on demandera au patient d'émettre

volontairement. Il s'ensuit une ouverture de la bouche et une détente de l'arrière-gorge. Comme pour le soupir, la phonation sera introduite dans la suite.

— **L'émission douce de [k-k-k], de [ah-ah-ah].**

— **L'attaque glottique douce [ha-ha-ha].**

On amorcera la phonation par un chuchotement de monosyllabes commençant par une voyelle [as]. Prolonger la voyelle tout en augmentant l'intensité, et terminer la syllabe avec une intensité normale. Continuer avec les bisyllabes qui commencent par un [h] aspiré, puis par une consonne sourde, puis sonore. Cette technique permet au patient d'amorcer la phonation en douceur, sans coup de glotte trop marqué.

— **Le relâchement de la musculature bucco-linguo-faciale** par l'émission de [bla-bla-bla] [brr-brr-brr] qui provoque de petits chatouillements au niveau des lèvres, des joues...

b) Les phonopathies hypofonctionnelles

Les phonopathies hypofonctionnelles sont souvent le résultat d'une hyperfonction prolongée. Les cordes vocales présentent des signes de relâchement, de fatigue ; elles n'arrivent plus à s'accoler parfaitement lors de la phonation. Il s'ensuit un coulage d'air, d'où une voix voilée, soufflée. La thérapeutique indiquée dans ces cas aura pour effet de redonner du tonus aux cordes vocales afin de leur permettre une meilleure adduction, c'est-à-dire un rapprochement de plus en plus ferme.

— **La poussée** ou « pushing » décrite par Froeschels.

Le patient est amené à produire un son tout en effectuant un effort avec les membres supérieurs, afin de provoquer une meilleure fermeture glottique. Le patient debout, étend les bras devant lui, au niveau des épaules, puis les abaisse brusquement, tout en produisant un son qui sera d'abord une voyelle comme [i] ou [é]. Une autre façon d'appliquer cette méthode consiste à demander au patient assis, de pousser sur le siège de sa chaise pour se soulever et d'émettre un son simultanément. Quand la phonation est améliorée grâce à la poussée, on demandera au patient de reproduire ses performances sans pousser. Le travail, contrôlé par l'enregistrement, est très utile à cette fin. On sera frappé par une tonicité des cordes vocales qui, progressivement, s'améliorera.

— **L'émission de [hop, hep, hip] [kop, kep, kip].** Le sujet répète ces syllabes le plus fort possible à plusieurs reprises et ce, le plus souvent possible dans la journée.

— **La production de [a, a, a...] :** ces voyelles sont émises sans phonation à l'aide de légers coups de glotte et provoquent de ce fait un massage des cordes vocales. Cette technique est également utile pour dégager les sécrétions laryngées accumulées sur les cordes vocales et qui donnent au patient l'impression de la présence permanente de glaires qu'il doit absolument expulser en se râclant la gorge, acte parfaitement nuisible au bon fonctionnement des cordes.

— **Les saccades en phonation :** après une inspiration profonde, il faut émettre, successivement et tour à tour, chacune des voyelles, le plus longtemps possible et à une bonne intensité.

— **Les brusques attaques glottiques :** la phonation est amorcée en attaquant le son initial avec force afin de provoquer le rapprochement rapide des cordes vocales, ce qui induit une tonicité qui progressivement s'améliore.

— **La projection de la voix :** le patient est amené à augmenter l'intensité de sa voix sans pour autant augmenter les efforts déployés lors de la phonation. On insiste sur l'appui diaphragmatique lors de cette tâche. Une autre façon de tonifier la diaphragme consiste à saccader une consonne constrictive telle que le [s] ou [f], tout en contractant ce dernier. Le patient apprend ensuite à utiliser une intensité vocale plus forte afin de mieux répondre aux besoins de la communication. L'auto-évaluation grâce à l'enregistrement sonore est très utile à cet égard. Il faut toutefois relever que les personnes introverties, sont celles qui développent le plus souvent des phonopathies hypofonctionnelles et montrent fréquemment une résistance à « parler plus fort ». Dans ces cas, un support psychologique est indiqué pour surmonter cette inhibition.

— **La sirène :** [tu tu tu] [ti, ti, ti] à la longue a la même action.

En règle générale, on ne demandera jamais à un patient dysphonique hypofonctionnel d'observer un repos vocal ni de commencer les exercices phonatoires dans un registre trop bas. On pratiquera essentiellement les exercices de souffle, de résonance, puis des vocalises, avant d'introduire des exercices en voix chantée. Enfin, une dernière remarque s'impose : quel que soit le type de la phonopathie dysfonctionnelle, on ne méconnaîtra pas la profession du patient, son image de soi, le degré d'utilisation de sa voix dans la vie quotidienne. La prise de conscience d'un trouble vocal peut, en effet, faire apparaître des résistances plus ou moins fortes en cours de traitement. Il faut cerner l'usage que fait le patient de sa voix et son attitude face à elle. La dysfonction en cours de rééducation change au fur et à mesure de l'automatisation des exercices pratiqués. Le type d'exercices est en relation directe avec cette dernière et doit toujours être réévalué, selon le degré de la dysfonction dans le temps, et sa prise de conscience par le patient.

c) Les phonopathies dysfonctionnelles infantiles

Un larynx infantile est petit, délicat, facile à traumatiser. Un nodule, un œdème sur un larynx d'enfant naissent à la suite d'un déséquilibre, un mal-ajustement des trois parties constitutionnelles de l'instrument vocal : la soufflerie, le vibrateur, les résonateurs. Une intervention chirurgicale, aussi délicatement menée que possible, peut déclencher un désordre vocal permanent sur une structure aussi fragile que la corde vocale dans un larynx non encore suffisamment développé. Fréquemment, les nodules disparaissent spontanément à la puberté, lors des transformations laryngées liées à l'apparition des caractères sexuels secondaires. L'enfant, par ailleurs, grandit ; on peut progressivement le raisonner, lui expliquer le mécanisme complexe de l'émission vocale et les erreurs d'emploi dont il est victime.

Il faudrait donc, dans la mesure du possible, ne pas opérer le larynx d'un enfant si l'on est sûr du caractère dysfonctionnel et de la bénignité de la lésion laryngée. Il faut pourtant que les lésions disparaissent : le seul traitement valable est une prise en charge pédago-thérapeutique dont les principes sont :

La guidance familiale :

C'est aux parents de l'enfant dysphonique, en sa présence, que l'on expliquera les mécanismes de l'émission vocale correcte. L'enfant peut parler à voix forte à condition de savoir coordonner ses ajustements musculaires à sa soufflerie. Ce n'est pas l'intensité vocale qui nuit mais le comportement d'effort mis à sa production.

Les techniques rééducatives :

L'enfant doit apprendre à utiliser une voix forte ou une voix douce en maîtrisant sa technique respiratoire ; des exercices appropriés lui donneront progressivement conscience de sa musculature abdominale et diaphragmatique pour appuyer et soutenir son souffle phonatoire. C'est en jouant avec l'enfant, en faisant appel à sa créativité propre, à son sens ludique, à son intelligence ; en prenant en considération son caractère, son type morphologique, son habileté psychomotrice que les exercices adéquats seront introduits.

On lui apprendra à crier, mais à bien crier, en mobilisant ses dépenses énergétiques avec parcimonie.

Une fois assimilées les techniques d'un souffle phonatoire correct, l'enfant motivé est susceptible de se relaxer ! La technique utilisée dépendra de son tempérament, de son âge et surtout des qualités pédagogiques, intuitives et créatives de l'orthophoniste ainsi que de sa relation avec l'enfant. On ne réprimera pas ce dernier, on ne lui interdira pas de crier très fort ni de continuer ses activités bruyantes : sources pour lui de libération de tensions intérieures et d'agressivité ; mais au contraire on développera en lui : compréhension, jugement et raisonnement autour d'un mécanisme vocal correct.

La raucité vocale diminuera, la voix émise progressivement deviendra plus claire, le comportement d'effort réactionnel de la musculature laryngée et périlaryngée diminuera. L'enfant apprendra peu à peu à émettre une voix normale et pourra accéder à la voix chantée.

CHAPITRE XII

Principes thérapeutiques de la voix chantée pathologique

Un chanteur entraîné, au bénéfice d'années de pédagogie vocale, dont la technique vocale paraît être adéquate, conforme à son tempérament, peut progressivement développer des plaintes au sujet de sa voix. Il est important de les préciser, d'analyser les situations de leur survenue, pour ensuite introduire une thérapie vocale adaptée.

Les doléances ou les plaintes les plus fréquentes sont : — une raucité plus ou moins variable — une fatigue vocale qui rend difficile l'émission de la voix chantée, pour une longue période, sans changement de sa qualité ; le chanteur peut penser qu'il contrôle mal son volume vocal car, dit-il, il ressent une difficulté de plus en plus importante à chanter fort, ou au contraire, doucement ; il peut éprouver la nécessité de devoir chauffer sa voix plus longtemps que d'habitude, ou encore sa voix est entachée d'un souffle, ce qui traduit une perte aérique importante durant la vocalisation. Enfin, il peut percevoir des picotements, des douleurs dans la région de la nuque et du cou, provoqués par une contracture musculaire exagérée, ce qui témoigne d'un abus vocal.

Pour lui venir en aide, il est nécessaire au thérapeute de connaître :

1. LES CONDITIONS DANS LESQUELLES LA VOIX EST ÉMISE :

a) ***L'environnement.*** Nous tous, avons tendance à augmenter notre puissance vocale dans un milieu environnant bruyant (effet Lombard). Un chanteur doit absolument apprendre à compenser cette tendance. Ce phénomène non contrôlé est fréquent en particulier chez les chanteurs modernes qui se produisent dans des salles non appropriées, enfumées, où le bruit de fond est souvent très intense. D'autres chanteurs, les choristes, les amateurs enthousiastes insuffisamment entraînés, tout à la joie de leur performance musicale, peuvent, eux aussi, développer une pathologie vocale, liée à ce phénomène physiologique.

b) ***L'abus vocal en voix parlée,*** probablement l'une des causes les plus fréquentes d'altération vocale, chez d'excellents chanteurs qui inconsciemment dissocient la voix parlée de la voix chantée. Trop souvent, le chanteur parle fort dans des endroits bruyants, il parle aussi après une représentation, dans un environnement sec, poussiéreux, enfumé et il oublie ses techniques de support, son contrôle respiratoire, ou sa technique de projection vocale : mécanismes qu'il possède parfaitement bien en voix chantée !

c) ***L'état de santé***

• **Des infections à répétition des voies respiratoires supérieures** (rhinite, sinusite) peuvent altérer progressivement la voix. Le chanteur s'efforce de ne pas laisser entendre son trouble vocal passager et produit avec effort un son qu'il a retenu par mémoire. Il compense en contrôlant sa technique par des sensations vibratoires plutôt que par l'oreille.

• Chanter, par ailleurs, est une activité qui exige une excellente santé, qui requiert l'interaction coordonnée et équilibrée de nombreuses fonctions physiques. Si l'un des **groupes musculaires**, qu'il s'agisse de la région abdominale, dorsale ou thoracique, est atteint par un processus pathologique, il y aura forcément compensation par l'usage de groupes musculaires inappropriés, en particulier ceux de la nuque.

• **Des troubles digestifs** par exemple, peuvent exercer une influence néfaste sur la voix chantée. Une constipation opiniâtre, des diarrhées ou des spasmes musculaires au niveau intestinal, interfèrent avec un support abdominal, aussi correct soit-il ! Une hyper-acidité gastrique ou la présence d'une hernie hiatale favorisant un reflux œsophagien peut provoquer des brûlures, une sensation de corps étranger au niveau du larynx : le chanteur éprouvera le besoin de se racler la gorge, ou de devoir chauffer sa voix plus longtemps que d'habitude...

d) ***Les troubles de l'articulé dentaire*** ou des douleurs dans la région de l'articulation temporo-maxillaire induisent une tension inadéquate dans la nuque et dans la région antérieure et latérale du cou, à travers les attaches musculaires entre la mandibule et l'os hyoïde. Le placement de la voix se fera plus difficilement et la tessiture diminuera. Cette tension musculaire inadéquate s'accompagne souvent d'une activité linguale excessive et surtout d'une tendance à placer la langue trop postérieurement. Il en résultera une tension au niveau du bloc laryngé et de son mécanisme suspenseur, ce qui aura pour effet de déséquilibrer progressivement la balance délicate établie entre la musculature intrinsèque laryngée et périlaryngée.

e) ***La surdité*** peut être une source de problèmes vocaux. Nous connaissons le feed-back audiophonatoire et son importance fondamentale dans le chant. Une interférence pathologique dans ce mécanisme de contrôle provoque une altération vocale, surtout si le chanteur n'est pas conscient de sa perte auditive.

f) ***Une dysfonction endocrinienne :*** certaines chanteuses éprouvent trois à quatre jours avant l'apparition de leurs règles un trouble vocal caractérisé par une efficience vocale diminuée, une difficulté à émettre les notes aiguës, une fatigue vocale et quelquefois une raucité très discrète. Il semblerait que ce phénomène se produise fréquemment et soit causé par des altérations physiologiques, anatomiques et psychologiques secondaires au changement endocrinien cyclique.

Les contraceptifs oraux peuvent aussi provoquer une diminution de l'étendue vocale. La part psychologique du trouble vocal est difficile à départager de la part physiologique.

Enfin, certaines chanteuses enceintes ressentent des modifications de voix semblables aux symptômes pré-menstruels, auxquels s'ajoute une diminution de la capacité respiratoire lors d'un état avancé de grossesse. Il faut toutefois noter que cette constatation n'est pas générale et que certaines chanteuses affirment n'avoir jamais aussi bien chanté que durant cette période !

2. LES INFLUENCES NÉFASTES SUR LA VOIX CHANTÉE

• Le chauffage central, la climatisation dessèchent très nettement les muqueuses des voies respiratoires supérieures. La lubrification des cordes vocales devenant progressivement insuffisante, les conséquences immédiates seront ressenties par le chanteur sous forme de picotements, de sensation de corps étranger dans la gorge et une envie incontrôlable de tousser. Un milieu enfumé, rempli de poussière, peut provoquer une rougeur transitoire de la muqueuse de tout le conduit vocal, avec les mêmes conséquences.

• Le chanteur doit veiller à ne pas abuser d'une médication anti-allergique ou anti-rhume. Les anti-histaminiques utilisés dans ces deux conditions pathologiques ont un effet desséchant sur la muqueuse et diminuent la lubrification. Il s'ensuit une irritabilité locale qui se révélera par la toux.

Les tranquillisants et les sédatifs, que l'on est appelé parfois à utiliser dans des états d'anxiété, peuvent aussi induire des effets indésirables car ils interfèrent avec le contrôle de la musculature fine. Les ajustements musculaires se font de façon moins précise et la qualité vocale s'en ressent.

• Les habitudes alimentaires du chanteur se doivent d'être analysées ; ainsi un bon et abondant repas avant une représentation est déconseillé ; une nourriture trop épicée irrite quelquefois la muqueuse digestive et provoque une hyperacidité gastrique au même titre que le café. Les produits laitiers, notamment l'ice-cream, augmentent la viscosité des sécrétions muqueuses... Une cure amaigrissante trop rapide nuit à une bonne qualité de voix, probablement par un affaiblissement général du tonus.

• Les boissons alcoolisées sont objet de controverse ! L'ingestion de petites quantités d'alcool avant une représentation ne semble pas gêner la majorité des chanteurs. (Sataloff.)

3. QUELQUES PRINCIPES THÉRAPEUTIQUES DE LA VOIX CHANTÉE

Une simple discussion ayant pour objet principal le fonctionnement sain de l'instrument vocal sécurise sûrement davantage le chanteur que l'affrontement immédiat des symptômes qui l'ont amené à consulter et qui seront discutés ultérieurement.

Ce qu'il veut connaître, et ceci sans délai, c'est l'état de ses cordes vocales ! Portent-elles une lésion ou non ? On abordera ensuite quelques règles qui peuvent se résumer comme suit :

• Ne rien pratiquer quotidiennement dont le mécanisme de production soit faux. Par exemple, la répétition régulière d'une prise d'air incorrecte ou d'une tension musculaire trop développée nuit davantage que de ne pas travailler sa voix...

• Conseiller le travail de la voix à force moyenne ; chanter trop fort favorise le développement de tensions, et chanter trop doucement celui d'un souffle sur la voix.

• Exercer le mécanisme suspenseur laryngé (inspiraton profonde, bâillement, expiration en tirant la langue).

• Alterner les exercices diatoniques et harmoniques.

Les exercices diatoniques reposent la voix, permettent des ajustements de registres de faible intervalle et donnent liberté et agilité aux émissions vocales. Les exercices harmoniques demandent davantage au système de support, ils permettent de tester le legato et de développer la puissance vocale.

• Conférer souplesse au conduit vocal et améliorer la résonance en chantant alternativement des voyelles antérieures [i] et postérieures [o] par rapport à la position de la langue. Terminer tous les exercices par l'émission de [m] ce qui permet de ressentir les vibrations dans la face.

• Viser à chaque instant à étendre la tessiture sans effort exagéré ; à obtenir une souplesse mécanique nuancée, susceptible d'amener l'émission de traits rapides ; à maintenir un débit aérien stable ; à émettre un son continu (legato) et juste, grâce à un bon soutien ; à utiliser une articulation précise pour que le phrasé soit optimal.

• Siffler les traits difficiles : les résonateurs et le larynx se tonifient sans entraîner de fatigue vocale.

• Vocaliser, vocaliser toujours en dominant, en maîtrisant chaque jour davantage le mécanisme des vocalises dont la fonction est — d'induire une production vocale facile, — de permettre une phonation stable, — d'assouplir les transitions de registre, — de renforcer le support et la coordination musculaire, — d'aider à la pratique des reprises de souffle, — d'accorder les résonances vocaliques, — d'augmenter l'agilité et les sensations rythmiques, — d'établir la partie moyenne de la tessiture, c'est-à-dire le mécanisme du registre mixte, afin que l'extension de la voix vers les registres de tête et de poitrine soit possible, que le son émis soit mélodieux et que le timbre de la voix soit harmonieux.

En faisant appel à des vocalises rapides, la voix acquiert de la brillance, tandis que les vocalises lentes facilitent des accords de résonance ainsi que l'émission d'un plus grand volume sonore. Pour commencer une vocalise, il ne faudrait jamais que l'attaque glottique soit semblable à une toux mais, au contraire, que le chanteur ressente sur le plan sensitif l'impression qu'il inhale le son.

Enfin une dernière règle, mais probablement la **règle d'or** : ne jamais chanter une partition trop difficile, un répertoire situé en dehors des possibilités techniques vocales. Le chanteur, en effet, ne devrait pas devoir mémoriser trop de partitions à la fois car les efforts qu'il doit déployer pour retenir les lignes mélodiques, les paroles, sont tels, qu'il oublie les mécanismes d'émission vocale qu'il est parfaitement susceptible de contrôler dans une partition moins difficile.

Enfin, lorsque des mécanismes inadéquats sont constatés dans la voix chantée, il faut que le pédagogue ne songe pas à changer trop de choses à la fois ; le chanteur ne peut corriger dans une même séance : l'ouverture de sa bouche... la position de sa langue... la quantité d'air expiratoire... la forme de ses lèvres... la souplesse de son conduit vocal... la couleur de ses voyelles... la justesse... le souffle...

CHAPITRE XIII

Quelques réflexions autour de la voix

Si l'on considère la voix comme une réalité physique, elle n'est qu'un son, qu'un phénomène vibratoire, défini par les paramètres acoustiques : sa hauteur, son intensité, son timbre, sa durée d'émission...

Considérée comme une réalité esthétique, elle est un phénomène continu, séquencé, modulé et rythmé par la parole et ses inflexions.

Elle témoigne, nous l'avons vu, de notre santé physique et psychique, de la qualité de nos réactions émotionnelles, de notre dynamisme, de notre sensibilité, de notre réception mentale, de notre image et de notre représentation de soi. Elle trahit notre personnalité mais... quelle part trahit-elle ? Comment s'y prend-elle ? Est-elle seule en cause ?

Lorsque nous entendons une voix, nous percevons un ensemble : la voix modulée nous livrant la diction, l'articulation, l'intonation, la manière de rythmer, le choix du vocabulaire... Elle est une caractéristique physique, une grandeur prédéfinie propre à l'individu, un élément porteur de ce que l'on transmet en parole ou en chant, suivant le mode que nous choisissons. Si elle varie d'un individu à l'autre dans ses composantes, elle ressemble en cela aux proportions corporelles et contient une indication générale dont la clef se situe dans la manière de l'utiliser... Combien de fois n'avons-nous pas été surpris de découvrir l'être qui possède une voix que nous avons entendue quotidiennement à la radio ? Nous avons imaginé le personnage... autrement ! La voix, la parole nous avaient transmis certaines informations... Certains éléments toutefois nous avaient fait défaut !... mais lesquels ? Qu'est-ce qui est significatif ? Si ce n'est la voix émanant du corps, en d'autres mots : les gestes... les mouvements corporels... associés à la voix. Pour cerner un individu, nous devons donc percevoir la voix *et* le corps, la voix *dans* le corps... la voix vecteur de la parole. En tant que telle, elle « matérialise » les gestes de la parole.

1. LES GESTES DE LA PAROLE

a) Le débit

C'est la vitesse de l'élocution, le nombre de syllabes à la seconde. En français, si l'on parle très vite : on peut émettre jusqu'à 8 ou 9 syllabes par seconde durant un court instant. La vitesse normale de la parole en lecture est de 270 mots par minute, c'est-à-dire 5 à 5,5 syllabes/seconde. Dans la conversation courante : la vitesse varie avec les régions. Le Parisien a tendance à parler plus rapidement que le Marseillais... mais l'une des caractéristiques du parler du Midi est son accent... et pour marquer cet accent, il faut du temps. Autre caractéristique : le débit change non seulement avec l'accent mais encore avec le locuteur auquel on s'adresse. On s'adapte très rapidement au débit de celui avec qui l'on parle. Si l'on s'adresse à un public, on ralentit son nombre de mots/minute de la même façon que si l'on parle à un sourd !

Un des gestes donc les plus significatifs est la variation du débit. Il peut s'accélérer ou se ralentir, ou, au contraire, rester imperturbablement stable. Il peut encore changer de vitesse dans une ligne continue ou, au contraire, brutalement, sans transition, hacher la ligne de la parole.

b) L'accentuation

La langue parlée est, rythmiquement parlant, une suite alternative de temps forts et de temps faibles, qui favorise une meilleure compréhension et facilite l'élocution. Ces accents peuvent être plus ou moins marqués. L'absence d'accentuation revient pratiquement à parler comme les prêtres psalmodient ! La lecture des textes religieux dans un couvent, durant les repas, se fait sur un seul ton, avec une monotonie voulue, recherchée, afin d'éliminer toute trace d'interprétation personnelle du lecteur. Et plus encore, dans les chœurs monastiques, les voix fusent, se confondent en une seule voix, la voix unanime des moines, chacun identique à l'autre, exaltant Celui dont elles glorifient l'Essence Divine.

L'accentuation donc souligne, comme le ferait un trait que l'on trace sous un mot écrit dans un texte, l'importance de ce qui est dit. L'absence d'accentuation a l'effet inverse.

c) **La mélodie**

C'est cet élément qui, combiné avec le rythme du débit, personnalise le plus la parole et la voix. La façon de parler des moines est dite monotone. Dans le vie courante, l'écoute d'un récit, aussi intéressant soit-il, débité à l'aide d'une voix monotone devient rapidement ennuyeuse... On n'y prête que difficilement une oreille attentive...

Par opposition, parler avec emphase en faisant varier les hauteurs d'émission de la voix, faire appel à un vocabulaire riche, choisi, peut inciter l'auditeur d'un instant à penser que celui qui s'exprime avec tant d'aisance est sûr de lui, possède une maîtrise parfaite du sujet dont il parle...

Sans qu'il soit possible d'établir des règles absolues, il est intéressant de constater que les évolutions mélodiques vers le haut ou vers le bas, ou la suspension sur un ton, correspondent la plupart du temps aux mouvements accompagnants des bras ou de la tête. Dans une affirmation, le ton se « pose », prend un appui sur la base de l'échelle vocale, comme une main ou le poing, suivant le tempérament de celui qui parle, s'appuie ou frappe sur la table. Dans une question, le ton se relève en fin de phrase, comme la tête qui attend la réponse. Dans le doute, la voix oscille d'un ton à l'autre sans se fixer, comme le regard et le corps qui semblent hésiter entre une position d'équilibre et une autre, sans être capables de se stabiliser. Il semble donc bien y avoir une corrélation entre la direction du geste et la direction mélodique de la voix, ainsi qu'entre la vigueur de l'accentuation et la vitesse du même geste. Progressivement, à ce code vocal-gestuel, phénomène d'ordre culturel, viennent s'ajouter des éléments individuels : accentuation, diminution de l'importance de ces variations, tant en vitesse qu'en amplitude, choix des éléments appuyés ou laissés dans le vague...

d) L'intensité

Il s'agit d'un élément important qui caractérise la voix dans la parole. Il est simple à repérer, à qualifier. On parle fort, doucement, très doucement, on crie... Apparemment, la puissance sonore devrait être le plus facilement contrôlable. Pour une bonne part, elle l'est, car elle est directement sous le contrôle de l'oreille... mais elle dépend aussi du bruit de l'environnement.

La puissance vocale utilisée dans un moment donné trahit probablement le milieu, l'état des tensions internes d'un individu. Une bonne colère fait monter l'intensité de la voix... mais l'utilisation de la force dans la voix ou dans le geste... soulage immédiatement...

e) Le timbre de la voix

Beaucoup plus difficile à cerner. Bien sûr le timbre de la voix dépend de la configuration anatomique des organes phonateurs. Mais d'autres facteurs encore l'influencent...

Le milieu

Les facultés d'imitation du monde enfantin sont connues. Il est inévitable que l'enfant subisse l'influence de la manière de s'exprimer de son milieu familial. Cette imitation va porter non seulement sur le vocabulaire utilisé, la syntaxe, l'accent, mais également sur le timbre de la voix. Directement ou indirectement ? C'est une des questions les plus difficiles à élucider. Si dans un milieu donné, la mère, par exemple, a un comportement brusque, peu sensible, généralement agressif, elle a de fortes chances de posséder la voix d'un tel comportement : une voix aiguë, rauque, criarde et forte. Lorsque sa fille parle comme elle, imite-t-elle la voix ou le comportement de sa mère ? Toujours est-il qu'elle possède un timbre si proche que le mari au téléphone confond sa fille avec sa femme !

Si l'enfant vit dans un milieu plus feutré, plus cultivé, dans lequel la maîtrise de soi et de ses réactions est une des caractéristiques principales, ne va-t-il pas adopter à son tour une voix, une manière de parler et de se comporter, conformes à ce milieu et ce, quel que soit son caractère propre ?

La voix et la manière de parler semblent donc être également un des fruits de l'éducation, au même titre que le comportement, le style d'habillement...

L'impact émotionnel

Nous l'avons précédemment décrit : l'émotion se traduit par des variations de hauteur tonale de la voix, et l'émotion accompagne aussi bien la joie, la gaieté ou la confiance que la peur ou la colère ! La variabilité tonale est par contre très réduite dans l'indifférence, l'ennui et la tristesse... Un individu, au caractère à tendance lymphatique, s'exprime de manière plutôt monotone, avec un timbre de voix terne, une diction imprécise et peu rythmée, souvent accompagnée d'un nasonnement. Le sujet en général a une tenue assez caractéristique. Il est voûté. Ses gestes sont lents, voire mous...

Le timbre est donc porteur de multiples messages, conscients ou inconscients. Nous percevons l'intonation vocale modulée par la mère qui berce son enfant afin de la rendre rassurante !... mais simultanément, elle change sa diction, son vocabulaire, son débit de voix. Elle en adoucit l'accentuation. Son étendue vocale se restreint. Son fondamental usuel se déplace vers le haut comme si sa voix se modelait sur celle de son enfant.

2. PEUT-ON CHANGER SA VOIX ? CERTES OUI !

L'acteur, le commerçant, le séducteur, le prêtre, le politicien, le juge, le représentant, travaillent leur voix et cette dernière devient une voix de fonction qui suit toujours le même modèle ! Et la personnalité est difficile à cerner derrière la voix ! Phénomène curieux : si la voix travaillée émane d'un locuteur dont l'attitude n'est pas conforme, elle engendre la méfiance chez celui qui est censé être convaincu. Aussi, pour utiliser une voix à des fins professionnelles, faut-il calquer non seulement la voix mais aussi l'attitude, les gestes, la posture, les vêtements sur l'image du rôle.

Il faut donc des modèles préexistants dont il a fallu prendre connaissance !

Autre exemple : Que nous livre la voix chantée ? Que ressentons-nous face à elle ?

Prenons deux faits : Chantée, la voix comme un instrument est susceptible d'exprimer aussi bien le bel canto... qu'une chanson moderne..., mais le jugement et l'approche que l'on peut ressentir face à ces deux types d'émission sont parfaitement ambigus, voire ambivalents. Certes, l'émotion, le plaisir, suscités par la beauté de la voix, sont nos motivations de base, mais elles n'en sont pas moins canalisées par un certain niveau et un certain type de culture, qui nous permettent le décodage des conventions. Expliquons-nous !

Pour l'amateur inconditionnel de Nina Hagen, de Supertramp, des Stranglers ou de Dire Straits, Teresa Berganza ne présente guère d'intérêt... Sa voix est « artificielle », elle chante un répertoire « empoussiéré »..., dans un cadre, un milieu qui ne le sont pas moins et qui répondent à une esthétique qu'il estime dépassée depuis longtemps ! Il est plus proche, dans son attitude, du public des siècles passés pour qui la seule bonne musique était la musique contemporaine, le seul bon style, celui à la mode, les seules célébrités... celles encore vivantes... Il ne peut dès lors comprendre « le connaisseur éclairé et cultivé » qui va écouter un opéra de Verdi... Il admettra à la rigueur que cette musique et ces voix sont belles, mais... dans les musées, derrière une vitrine, comme objet de curiosité...

La différence entre le mélomane raffiné et le défenseur de la musique contemporaine populaire tient moins à une question de goût qu'à une conception de la vie, qui, elle-même, dépend de l'éducation et du milieu dans lesquels ils évoluent.

Pour le fanatique des hit-parades, n'existe que ce qui lui parle directement, ce qu'il peut comprendre, ressentir sans faire appel à des références dont l'accès demande du temps et de la réflexion. Les voix, les musiques qu'il aime et qu'il défend, sont le moyen de sortir de son isolement, d'appartenir à un mouvement qu'il perçoit souvent comme porteur de communication, de chaleur humaine. C'est un monde dont les limites et les stéréotypes rassurent, parce qu'ils rassemblent et réunissent ceux qui, comme lui, ne supportent pas la prise de conscience des différences individuelles. C'est probablement, en plus, une réaction profonde et inconsciente à l'exigence croissante des connaissances, à laquelle il ne veut pas ou ne désire pas faire face... C'est aussi une manière d'affirmer sa jeunesse dans un monde où, malgré les apparences, l'âge, et les avantages âprement défendus qui lui sont souvent liés, ont de plus en plus d'importance sur la qualité de la vie. Faut-il en conclure que tout ce qui choque et déplaît à la « bourgeoisie » sera adopté et défendu automatiquement ? Y compris les voix dont le timbre, la violence sont un défi aux canons traditionnels de beauté et qui ont actuellement tant de partisans ? C'est peut-être aller trop loin... mais cette tendance fait partie du mouvement !

Bien différent est le profil de l'amateur de la voix classique. Il est capable, généralement, de placer les conventions et les artifices dans un contexte esthétique qui lui est familier par son éducation et sa formation. Il aime autant la voix travaillée, parce qu'elle met en valeur le répertoire, que le répertoire lui-même parce qu'il permet à la voix de s'exprimer de cette manière. Il se perd avec délectation dans des comparaisons d'interprétation qui le mettent en appétit pour d'autres découvertes. Il cherche, à travers la différence, sa propre individualité et que ses critères soient esthétiques, culturels, sentimentaux ou émotionnels, ils répondent de toute manière à une forme d'idéal, dont il se sent un des dépositaires, un des défenseurs.

Son caractère le pousse à cerner et à retrouver les éléments de la beauté, à laquelle son éducation, sa sensibilité ont donné une enveloppe. Tributaire de ses connaissances, il explore le monde qui l'entoure et l'observe à travers sa culture. Lorsqu'il écoute une voix remarquable, il admire autant le résultat, l'émotion qu'elle fait naître en lui, que les moyens et le travail mis en œuvre pour y parvenir. Il détient la science et la prescience que ce qu'il voit ou entend est rare, de qualité exceptionnelle, car il a les moyens de comparaison. Ce qu'il qualifie comme voix remarquable, en dehors de ses qualités émotionnelles, il le sait, est toujours le résultat d'une victoire. Une victoire sur soi pour le chanteur, une victoire sur les difficultés de la maîtrise de soi, une victoire par l'apprentissage inlassable et l'entraînement, grâce à une ténacité sans relâche. Dans une grande voix, il y a un caractère, de l'émotion, de l'instinct, de l'intuition, de l'intelligence et de la sensibilité ; et si, en plus, il y découvre le miracle de la beauté qui fait qu'à travail égal le résultat présente des différences ; si la voix l'émeut, le fait vibrer dans des zones qu'il ne connaissait pas jusqu'alors... il est prêt à croire à l'existence de la grâce et peut-être à celle de Dieu...

On le voit, ces deux mondes sont inconciliables, et la voix, ainsi que le concept de la beauté qu'on y rattache, est une affaire de goût, lui-même résultant du contexte de vie. Elle est l'étendard que défendent ceux qu'elle représente, et dont elle est le symbole. Dans ces deux mondes, on parlera des voix que l'on aime avec les mêmes mots, le même enthousiasme, la même admiration !

Que signifie d'autre part une bonne voix ou une belle voix ?

Il s'agit d'une notion très personnelle qui n'obéit à aucune valeur absolue ! La beauté est foncièrement dépendante de l'éducation et de la perception que l'on a d'une esthétique vocale. Par exemple, au Japon, on préfère la voix chantée émanant d'une bouche fermée ou presque... Au Siam, l'on montre une prédilection pour les voix féminines profondes mais au timbre dur... Aux Indes, en Indonésie, en Polynésie : le falsetto est considéré comme notre bel canto. Autre phénomène curieux : il peut y avoir des voix merveilleuses qui ne sont pas forcément des bonnes voix... Et à l'opposé, il peut exister des bonnes voix qui n'induisent aucun applaudissement de la part d'un auditoire qui reste impassible et froid face à une voix qui n'a pas apporté les qualités émotionnelles nécessaires. Enfin, notre notion d'appréciation des voix change avec le temps... Nous pouvons aimer mais ne pas être émus à l'écoute de voix chantées ou enregistrées il y a de nombreuses années... qu'il s'agisse de Caruso ou de la Melba... car le timbre nous paraît trop serré... le pathos trop marqué... les accents trop prononcés... il y a une note de préciosité dans l'articulation...

Que pouvons-nous enfin déduire du caractère d'un chanteur dont nous n'entendons que des vocalises sans pouvoir le voir ? Simplement qu'il chante juste ou faux, bien ou mal, que sa voix nous plaît ou nous déplaît... !!!

Nous pressentons progressivement que la voix n'est qu'un des éléments susceptibles de trahir notre personnalité... ; de nombreux éléments, tels que l'accent, le niveau socio-culturel, une maladie, une atteinte organique de l'un ou l'autre des constituants anatomiques phonatoires, des habitudes journalières néfastes, telles que l'alcool ou la fumée... la modifient de telle façon que l'on ne peut en tirer des traits de caractère codifiés. Seule par ses inflexions, sa mélodie, son débit, ses accentuations, sa présence ou son absence, elle trahit une part de nos états d'âme et livre quelques-uns des secrets qui nous habitent.

Mais lorsque la voix devient malade, rauque ou soufflée, sans que les organes la produisant ne portent de lésion, lorsque cette voix exprime un mal-ajustement entre le souffle et le son, entre le son et l'émotion, et que le thérapeute avec le patient franchit les étapes de la rééducation vocale… quelle découverte précieuse que celle des exercices de résonance [AUM] [OM] [AM] [YAM] [YOM] [GNAM] [GNEM] avec leur pouvoir libérateur de tensions, déclencheur de vibrations perçues dans tel ou tel endroit du corps, de la tête… et de se rendre compte qu'à travers eux se fait l'ouverture vers cette spiritualité, propre à l'Orient, où une connaissance secrète est fondée sur les sons et les différences de modalités vibratoires, suivant des plans de conscience bien définis. Ressentir sa voix, la voix qui relie l'univers visible à l'univers invisible… Voix du yogi à la découverte consciente de soi… affirmant que le monde est une syllabe sacrée [OM] psalmodiée, ressentie, modulée, vibrée, correspondant à nos différents centres de conscience, chacun spécialisé dans un type de vibrations que nous pouvons progressivement distinguer, et saisir, selon le degré de notre silence, et l'acuité de nos perceptions. Exploration par la voix de centres physiques et subconscients, de centres vitaux, du mental et du supraconscient…

3. **EN GUISE DE CONCLUSION**

Il n'est donc pas réellement possible de définir la personnalité de celui qui émet telle ou telle voix ou de donner une recette pour interpréter les différentes façons de moduler sa voix. Les composantes d'une personnalité sont en effet si nombreuses qu'il est impossible d'en établir une classification claire. Tout au plus, peut-on faire quelques constatations qui, toutes, comprennent de nombreuses exceptions.

La voix et la manière de parler ne sont qu'une des parties de la vitrine offerte par l'individu. La tenue, la manière de se déplacer, de contrôler ses gestes, de regarder l'autre, la posture adoptée, les mimiques de la face, le regard en sont d'autres… La voix et la manière de parler, ou de s'exprimer, font partie d'un jeu social qui est celui de la communication. Elles affichent le milieu auquel on appartient, ou encore dans lequel on aimerait que l'interlocuteur nous situe, et sont fortement influencées par le niveau de vie, le mode de formation suivi, et subissent, comme tous nos gestes, l'influence directe ou indirecte de notre caractère. Vêtements de la personnalité, elles permettent également de se déguiser. Mais, en relation avec le fait que la personnalité d'un individu est cohérente dans ses incohérences, à moins d'être un acteur très habile et de transformer également tous ses gestes, toute sa manière de se comporter, il est très difficile de créer une nouvelle cohérence totalement crédible.

Ce que l'on perçoit directement du timbre de la voix : voix acide, agressive, douce, cultivée, vulgaire, est accompagné la plupart du temps d'un vocabulaire et d'une façon de s'exprimer correspondants. Certains humoristes utilisent d'ailleurs un tel décalage pour obtenir un effet comique, tel Jean Yanne qui met dans la bouche d'un routier, à la voix et la diction vulgaires, des propos d'esthète cultivé et raffiné. L'effet est irrésistible. Dans la vie courante, ce genre de décalage est extrêmement rare.

Une voix criarde, systématiquement trop forte, dénote souvent une personnalité qui ne tient pas compte de l'existence des autres et qui, inconsciente de sa propre vulgarité, l'impose à son entourage. Un tel comportement va de pair avec une agressivité constante, des réactions principalement primaires, une simplification extrême des rapports humains, une sensibilité limitée. Il va de soi que le niveau de formation a de fortes chances d'être limité également. La gestique, comme la voix, manque de liaison et trahit une brusquerie, un défaut évident de maîtrise de soi.

Comment ne pas penser, dès lors, que la voix est semblable à un projecteur qui enverrait une image de soi sur l'écran représenté par l'autre. Celui qui parle projette par le ton, le rythme, le timbre de sa parole, l'identité qu'il aimerait que l'autre perçoive. A la portion consciente de cette projection, s'ajoute la part inconsciente, celle liée à la qualité de la vie, de la lumière intérieure, qu'elle soit pathologique ou non. Si les deux images se reflètent en harmonie : la voix est perçue comme un accord avec soi, elle sera sympathique, agréable. S'il y a dysharmonie : la voix sonne « faux », sans que l'on puisse toujours en déceler le pourquoi.

La voix, d'autre part, doit être considérée comme un phénomène socio-culturel : miroir de la personnalité certes, mais sous l'influence permanente de la vie sociale, de l'éducation, de la profession, des influences émotionnelles et psychiques... Mais aussi faut-il prendre conscience que le fait d'écouter sa propre voix, de la travailler, de la modeler, de la faire résonner ou vibrer dans tel ou tel endroit de son corps, de la projeter vers l'autre, ne peut se faire sans entraîner un changement de sa propre personnalité !

Dernière remarque : il semble qu'il nous faille constamment établir des comparaisons avec des modèles préexistants, prédéfinis et prédélimités. C'est par images associées que l'on se réfère à des impressions déjà vécues, essentiellement auditives, et qui, intuitivement, nous donnent les traits requis nécessaires pour percevoir l'image de l'autre, et ce qu'il en projette.

Que nous exprimions notre état émotionnel par des cris, des gémissements, des sanglots, des éclats de rire ; que notre tonalité de voix paraisse suffisante, triste, agressive, prétentieuse, narquoise, pleine de confiance ou d'insécurité,... il y a toujours complexité, voire dualité, entre :

— la personnalité exprimée par celui qui parle, qui agit vocalement, consciemment ou non, pour donner une image de soi qui soit perçue par l'autre comme il le voudrait ;

— et les traits de la personnalité reçue, les reflets de la voix, projetés mais entendus à travers la propre sensibilité, la propre perception personnelle de celui qui écoute.

Voix et personnalité sont donc très étroitement imbriquées. La voix est l'intermédiaire entre soi et l'autre. Elle implique pour exister l'écoute de l'autre. Elle est le passage de l'un à l'autre. Notre voix... premier cri... et dernier souffle... Notre voix est constamment en mouvement, tout au cours de notre vie, et puise dans la profondeur de l'âme humaine l'intensité de son mystère... **Au commencement était le Verbe dit l'Ecriture... (Jean 1.)**

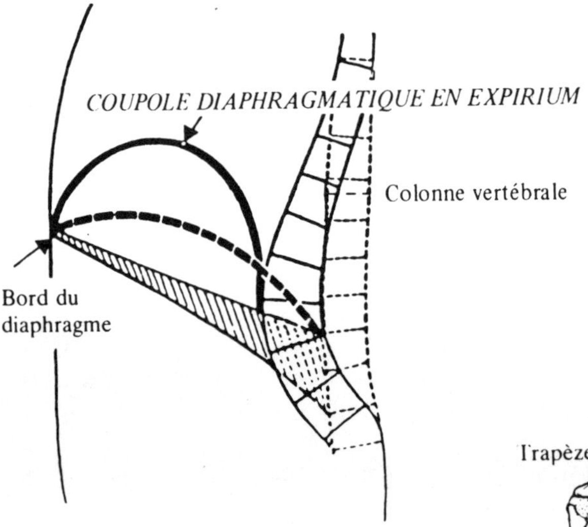

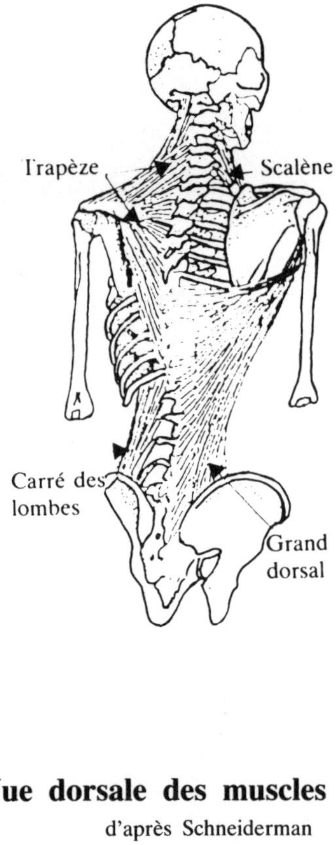

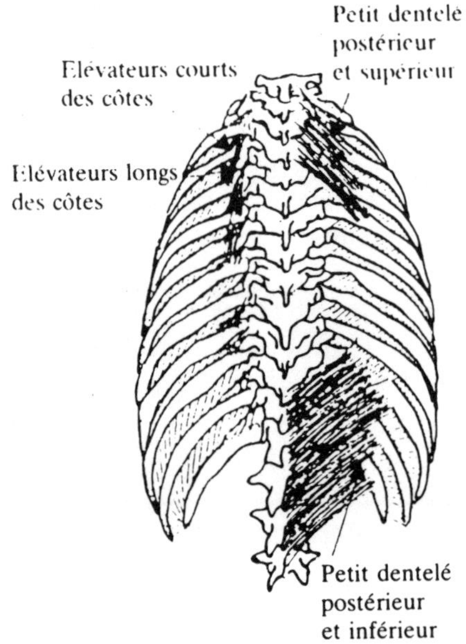

Vue dorsale des muscles du do

d'après Schneiderman

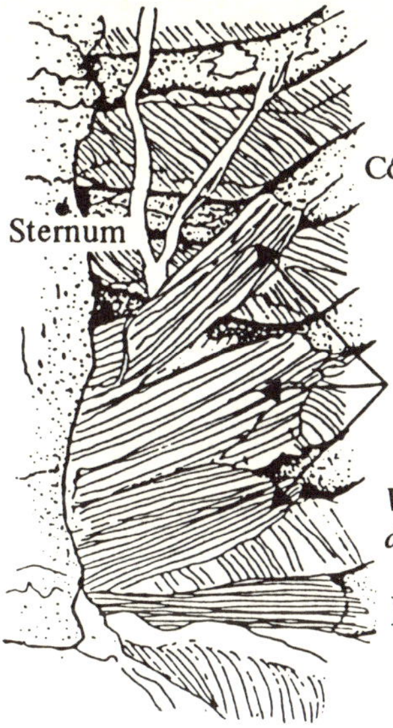

Vue postérieure ventrale de la cage thoracique

Muscle transverse thoracique

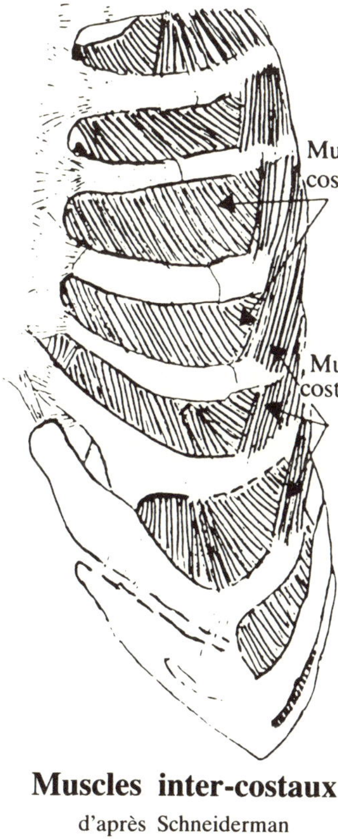

Vue frontale

Muscles inter-costaux

d'après Schneiderman

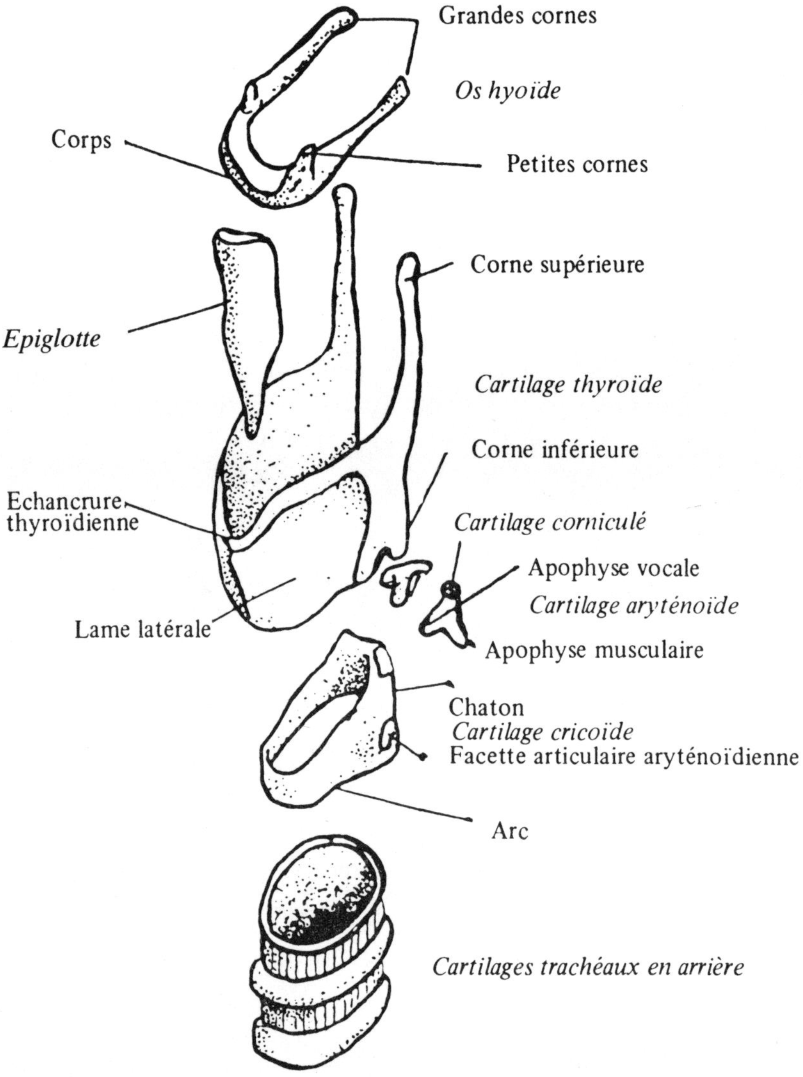

Structures solides du larynx

d'après Schneiderman

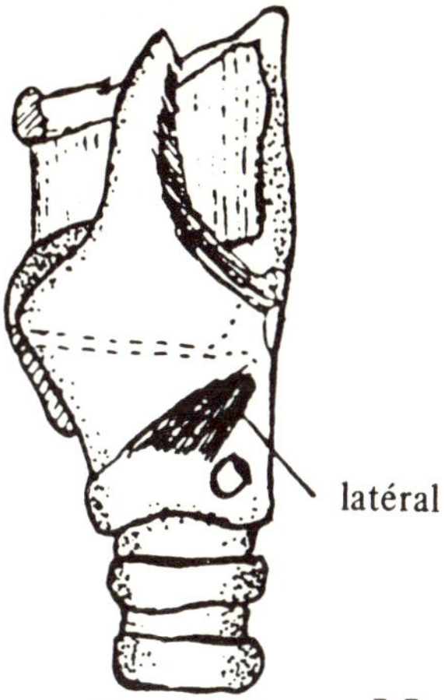

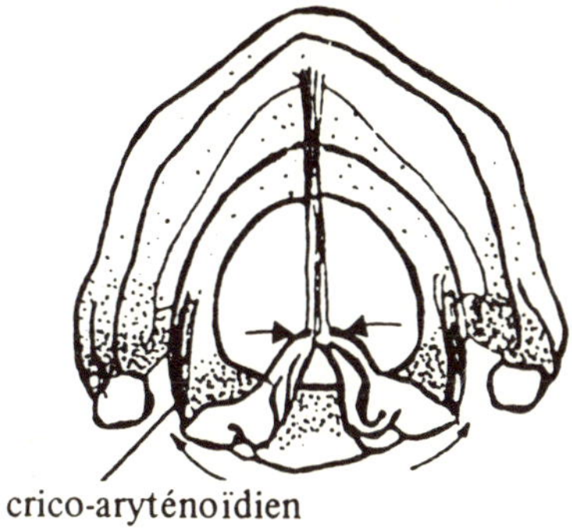

Vue supérieure

Vue latérale

Muscles crico-aryténoïdiens latéraux

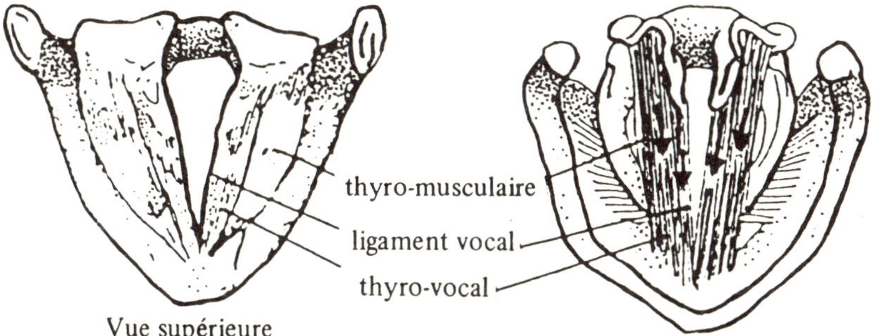

Vue supérieure

Action du muscle thyro-aryténoïdien

Muscles thyro-aryténoïdiens

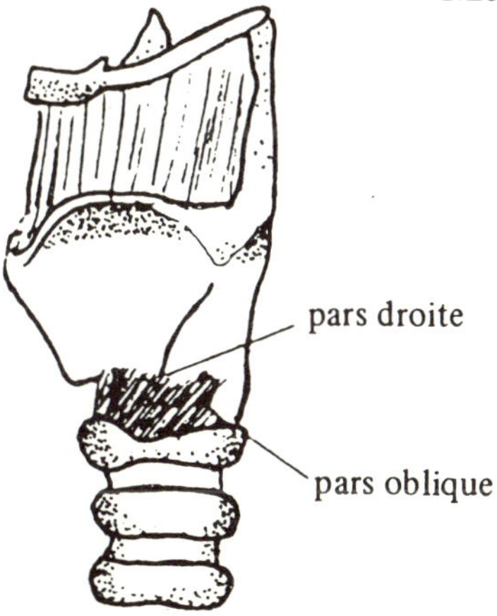

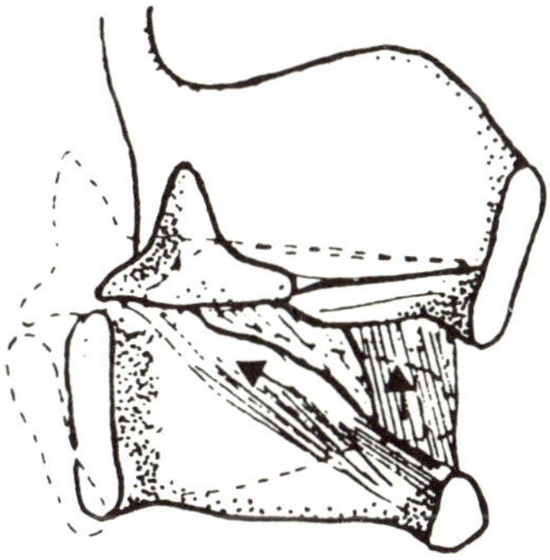

Action du crico-thyroïdien
Vue du côté opposé

Vue latérale

Muscles crico-thyroïdiens
d'après Schneiderman

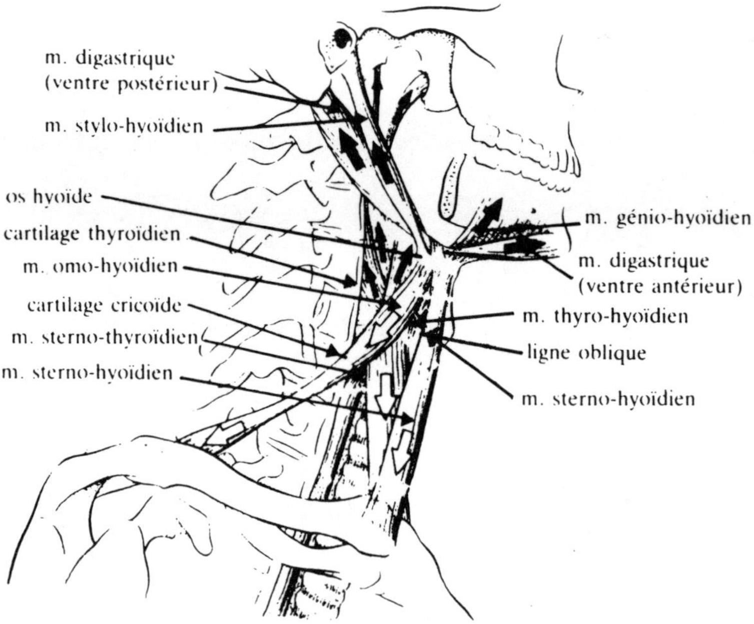

Les muscles extrinsèques du larynx
(Les muscles mylo-hyoïdiens et stylo-pharyngiens ne sont pas montrés)

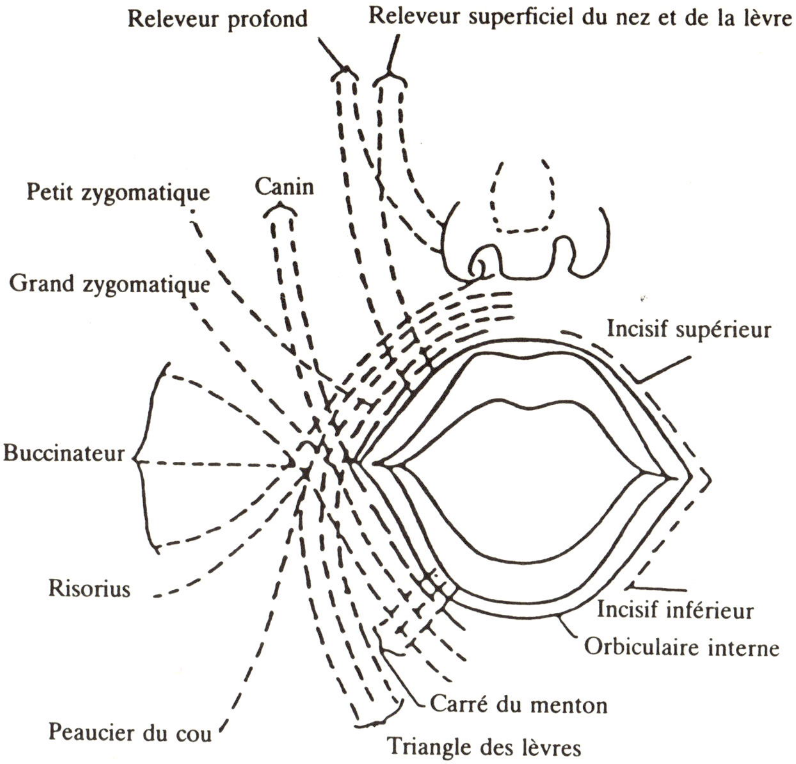

Muscles des lèvres
(sangle labio-jugale)

GLOSSAIRE

ABDUCTION : A propos des cordes vocales, signale leur écartement.

ADDUCTION : A propos des cordes vocales, signale leur rapprochement.

AMPLIATION : Agrandissement.

ANTAGONISME : A propos d'un muscle qui a une action opposée à celle d'un autre muscle dont la fonction est de réaliser un mouvement déterminé.

APOPHYSE VOCALE : Partie saillante du cartilage aryténoïde sur laquelle s'insère la corde vocale.

ATROPHIE : Diminution du volume d'une structure vivante.

CONSTRICTIVE : Se dit de la production d'une consonne où le conduit vocal n'est pas complètement obturé, ce qui produit un sifflement.

CORTEX : Ecorce cérébrale.

DÉCIBEL : Unité de mesure de l'intensité d'un son (dixième du Bel). Cette unité est logarithmique.

DÉPERDITION NASALE : Fuite d'air par le nez pendant l'émission de consonnes ou de voyelles non nasales.

DYSARTHRIE : Trouble de l'élocution secondaire à une atteinte neurologique des centres moteurs de la parole.

DYSPHONIE : Terme générique désignant tous les troubles de la phonation et toutes les distorsions de la voix.

ÉTIOLOGIE : Cause, raison d'une maladie, d'une pathologie.

FONDAMENTAL : Fréquence de résonance propre à une vibration donnée. Le son fondamental d'une voix est déterminé par la longueur, la masse et la tension des cordes vocales.

FORMANTS : Fréquences renforcées qui caractérisent le timbre d'un son, sans pour autant coïncider nécessairement avec les harmoniques. Les fréquences des formants de la voix sont dues aux caractéristiques des résonateurs (pharynx, bouche, cavités nasales).

FRÉQUENCE : Nombre de périodes par unité de temps ; nombre de cycles vibratoires par seconde. La mesure se fait en Hertz (Hz).

GUTTURAL : Se dit d'un son émis dans l'arrière-gorge.

HARMONIQUE : Multiple entier de la fréquence du fondamental.

HAUTEUR : Fréquence propre d'un son.

HÉMILARYNGECTOMIE : Résection verticale chirurgicale d'une moitié du larynx laissant en place l'autre moitié saine.

INFLUX NERVEUX : Phénomène par lequel on explique la propagation des effets de l'excitation dans les nerfs.

INSERTION : Mode d'attache des muscles et des ligaments.

INTENSITÉ : Amplitude d'une onde sonore ; puissance de la voix ; se mesure en décibels (dB).

INTERLOCUTEUR : Personne qui répond à celui qui parle.

INTERVALLE : Ecart entre deux sons exprimé par le rapport entre leurs fréquences.

LARYNGECTOMIE : Ablation chirurgicale de tout ou d'une partie du larynx.

LEGATO : Art de lier les notes, en jouant sur les transitoires des voyelles.

LOCUTEUR : Personne qui parle, le sujet.

MUQUEUSE : Membrane formée d'un épithélium (tissu constitué de cellules juxtaposées) tapissant la paroi interne des cavités naturelles.

NASILLARD : Se dit d'un comportement vocal caractérisé par un excès de résonance des cavités nasales.

NASONNEMENT : Trouble de la phonation dû à une exagération de la perméabilité nasale, caractérisé par une légère nasalisation des voyelles orales.

OCCLUSIVE : Se dit d'une consonne nécessitant pour sa réalisation l'occlusion complète du conduit vocal, en l'une ou l'autre de ses parties.

ORTHOPHONISTE : Spécialiste de l'évaluation et de la rééducation des troubles de la parole, du langage oral et écrit et de la voix. Ce terme est utilisé en France et au Canada, alors qu'en Suisse et en Belgique, on parle de logopédiste.

PHONATION : Ensemble des mécanismes de production de la parole.

PHONÈME : Elément sonore du langage articulé, considéré comme une unité distinctive de l'expression phonique.

PHONÉTIQUE : Etude des faits acoustiques et physiologiques de la parole humaine.

PHONIATRIE : Spécialité médicale traitant des troubles de la voix, de la parole, du langage oral et écrit, ainsi que des troubles d'audition responsables de troubles du langage.

PHONOLOGIE : Science qui étudie les phonèmes quant à leur fonction dans la langue.

PHONOPATHIE : Se dit de la voix pour exprimer sa souffrance.

PRESSION SOUS-GLOTTIQUE : Surpression par rapport à la pression atmosphérique ambiante, mesurée dans la trachée, sous le larynx, pendant la phonation ; la pression sous-glottique s'exprime en centimètres d'eau.

PROPRIOCEPTION : Sensibilité profonde due aux stimulations osseuses, articulaires et musculaires.

RHINOLALIE-RHINOPHONIE : Emission vocale caractérisée par une déperdition nasale lors de la production de phonèmes oraux.

SIGNIFIANT : Partie matérielle du signe (son, phonème).

SIGNIFIÉ : Sens, contenu du signe.

SON : Vibration acoustique capable d'engendrer une sensation auditive. S'il s'agit d'une seule vibration acoustique, le son est dit pur ; s'il s'agit de plusieurs vibrations, le son est dit complexe.

SONORISATION : Présence de vibrations glottiques pendant la réalisation d'une consonne.

STACCATO : Façon de détacher les notes en chantant, qui nécessite à chaque fois une attaque dure.

STÉNOSE : Rétrécissement d'un conduit.

SYNERGIE : Se dit d'un muscle dont la contraction est coordonnée avec un autre muscle pour l'exécution d'un mouvement déterminé.

TIMBRE : Caractère de sensation qui différencie deux sons de même hauteur et de même intensité ; le timbre est déterminé par le spectre acoustique.

VÉGÉTATIONS ADÉNOÏDES : Excroissances lymphoïdes de la muqueuse du cavum ou du rhinopharynx, pouvant rétrécir la filière respiratoire.

VÉLAIRE : Se dit du voile du palais.

BIBLIOGRAPHIE

AIMARD, P. *L'enfant et son langage,* Simep Ed., Villeurbanne, 1974.

ANDERSON, V.A. *Training for speaking voice,* Oxford University Press Ed., New York, 1977.

ARONSON, A.E. *Clinical voice disorders,* Thieme-Stratton Inc., New York, 1980.

ARNAUD, A. *Les hasards de la voix,* Flammarion, 1978.

ASSAL, G., BUTTET, J., FAVRE, C.
- *Amusie et dominance cérébrale,* Rev. Med. Suisse Romande T 104 — No C, 5164.
- *Méthodes de neuropsychologie expérimentale pour l'étude de la dominance cérébrale,* T 104 — No 7, 1984.

BERG, F.S. — *Educational audiology : hearing and speech management,* Grüne et Stratton Ed., New York, 1976.

BERNARD M. *L'expressivité du corps.* Corps et culture, J.P. Delarge Ed., 1976.

BERTHERAT, T. *Le corps a ses raisons,* Anti-guérison et anti-gymnastique, Seuil Ed. Paris, 1980.

BIESALSKI, P., FRANK, F. *Phoniatrie — Padöaudiologie. Physiologie. Pathologie.* Klinik. Rehabilitation, Georg Thieme Verlag. Stuttgart-New York, 1982.

BOONE, D.R. *The voice and voice therapy* (3rd ed.), Englewood Cliffs Ed., NJ., Prentice Hall, 1983.

BORDEN, G.J., HARRIS, K.S. *Speech science primer.* Physiology. Acoustics and Perception of Speech. The Williams and Wilkens Company, Baltimore 1982.

BOREL-MAYSONNY, S. *Perception et éducation,* Delachaux et Niestlé Ed., 1969.

BRODNITZ, F.S.
• *Voice problems of the actor and singer,* J. Speech. Hear. Disord., 1954, 19, 322.
• *Vocal rehabilitation, American Academy of Ophtalmology and ORL.,* LVI., Minnesota, 1971.

BRYCE, D.F. *Differential diagnosis and treatment of hoarseness,* Thomas Ed. Springfield, Ill., 1974.

BUNCH, M. *Dynamics of the singing voice,* Springer Verlag, New York, 1982.

CALVET L.-J. *Chanson et société,* Payot Ed., Paris, 1981.

CHARLES, D. *Le temps de la voix,* Corps et culture, Delarge Ed., Paris 1978.

COBLENZER, M., MUHAR, F. *Atem und Stimme,* Osterreichisches Bundesverlag für Unterricht, Wissenschaft und Kunst, Paul Gerin,, Wien, 1976.

COLTON, R.H. *Vocal intensity in the modal and falsetto registers,* J. Speech. Hear. Res., 1972, 15 (4), 708-713.

COOPER, M. *Modern techniques of vocal rehabilitation,* Charles C. Thomas Publ., Springfield, Ill., 1974.

COOPER, M., COOPER, M.M. *Approaches to vocal rehabilitation,* Ch. C. Thomas Ed., Springfield, Ill., 1977.

CORNUT, G.
• *Mécanique de l'appareil respiratoire au cours de la voix parlée et chantée,* Audin Ed., Lyon, 1958.
• *La voix de l'enfant,* Bulletin d'Audiophonologie, 1980, 10, 3.
• *La mécanique respiratoire dans la parole et le chant,* PUF, Ed., Paris 1959.
• *La voix,* Coll. Que sais-je ?, no 627, Paris 1983.

CORNUT, G., LAFON, J.C. *Etude acoustique comparative des phonèmes vocaliques de la voix parlée et de la voix chantée,* Folia Phonat., 12, no 3, 1960.

CORNUT, G., LAFON, J.C., RICHAUD, D. *Contribution à l'étude de l'interdépendance des modifications de hauteur, d'intensité et de troubles de la voix,* J.F. O.R.L. 1961.

CRITCHLEY, M., HENSON, R.A. *Music and the brain,* C.C. Thomas Ed., Springfield, 1977.

CURTIS, J.F. and Co., *Processes and disorders of human communication,* Harpers & Row, Publ. Inc., New York, 1978.

DAMSTE, P.M. *Œsophagal speech,* Huitsema Ed., Groningen, 1958.

DARLEY, F.L., ARONSON, A.E., BROWN, J.R. *Motor speech disorders,* Saunders, Philadelphia, 1975.

DEJONCKERE, P., ESTIENNE, F., BARBAIX, M.T. *Précis de pathologie et de thérapeutique de la voix,* J.P., Delarge Ed. Paris, 1980.

DENES, P.B., PINSON, E.N. *The speech chain : The physics and biology of spoken language,* Bell Laboratories, Anchor Books, New York, 1973.

DERRIDA, J. *La voix et le phénomène,* PUF Ed., Paris, 1976.

DE WEESE, P.D., SAUNDERS, W.H. *Textbook of otolaryngology* (3e éd.), Mosby Ed., St Louis.

DICKSON, D.R., MAVE-DICKSON, W. *Anatomical and physiological bases of speech,* Little Brown and Company, Boston 1982.

DICKSON, S. *Communication disorders,* Remedial principles and practices, Scott, Foresmann and Compagny Ed., Glenview, III, 1974.

DROPSY, J. *Vivre dans son corps,* Expression corporelle et relations humaines, EPI., 1979.

DUTOIT, M.-L.
- *La dysphonie et son exploration fonctionnelle,* Méd. et Hyg., 34, 1979.
- *Raison d'être et fonction du phoniatre,* Rev. Med. Suisse Romande, 99, 1979.
- *Apport de la cinématographie endoscopique en phoniatrie,* Méd. et Hyg., 37, 1979.
- *Les séquelles d'intubation laryngées, apport de l'endoscopie dans la planification du traitement phoniatrique,* Bull. Audiophonol., 4, 1981.

ESTIENNE, F. *Je suis bien dans ma voix,* Office International de Librairie S.A., Bruxelles, 131, 1980.

ESTILL, J. *The control of voice quality,* 11e symposium, Care of the professionnal voice, New York, 1982.

FAURE, M.A. *Physiologie laryngée dans le chant et la parole,* Bull. d'Audiophonologie 1/79, 1979.

FINK, B.R. *The human larynx,* A functional study, Ravenn Press, New York, 1975.

FINK, B.R., DEMAREST, R.J. *Laryngeal biomechanics,* Harvard University Press, Cambridge-London, 1978.

FONAGY, I. *La Vive Voix,* Essais de psycho-phonétique, Payot Ed., Paris, 1983.

FRECHE,C. et COLL. *La voix humaine et ses troubles,* Société Française d'ORL. Libr., Arnette, Paris, 1984.

FROESCHELS, E. *Chewing method as therapy,* Archives of otolaryngol., LVI., 427-434, 1952.

FROESCHELS, E., KASTEIN, S., WEISS, D.A. *A method of therapy for paralytic conditions of the mechanisms of phonation, respiration and glutination,* J. of Speech and Hearing Disorders, XX, 365-370, 1965.

GARCIA, M. *Observation on human voice,* Proc. Roy. Soc., London 7, 399-410, 1854 — 1855.

GARDE, E. *La voix,* PUF Ed., Paris, 1954.

GAUMY, C. *Le chant des castrats,* Opéra International, No 76-77, 1984-1985.

GONZALEZ, Y. *Fonačion y alteračiones de la laringe,* Ed. Medica. Panamericana, Buenos Aires, 1981.

GREENE, M. *The voice and its disorders,* Pitman Medical, London, 1972.

GRINDEA, C. *Tensions in the performance of music,* Kahn and Averill, London, 1978.

GUNDERMANN, H. *Die Behandlung des gestörten Sprechstimme,* Gustav Fischer Verlag, New York, 1977.

HABERMANN, G. *Stimme und Sprache, Georg Thieme Verlag,* Stuttgart, 1978.

HINES, J. *Great singers on great singing,* Victor Gollancz Ltd., London, 1983.

HIRANO, M.

- *Morphological structure of the vocal cord as a vibrator and its variations,* Folia Phoniat., 1974, 26 (2), 889-941.
- *Regulatory mechanisms of voice in singing,* Folia Phoniat, 1974, 26, 3, 192.
- *Clinical examination of voice,* Disorders of Human Communication 5. Springer Verlag, Wien — New York, 1981.

HIRANO, M., KURITA, S., MATSUKO, K., NAGATA, K. *Laryngeal issue reaction to stress,* 9e Symposium, Care of the professional Voice, New York, 1980.

HOLMES, G. *A treatrise on vocal physiology and hygiene,* J. and A. Churchill, London, 1881.

HUSLER, F., RODD-MARLING, Y. *Singing,* The physical nature of the vocal organ, Hutchinson of London, 1976.

HUSSON, R.
- *Le chant,* PUF Ed, Paris 1962.
- *La voix chantée,* Gauthier-Villars Ed., Paris, 1960.

JACOBSON, E.
- *Progressive relaxation,* University of Chicago Press, 1929.
- *You must relax,* Mc Graw Hill, Ed., Highstown, N.J., 1976.

KAPLAN, H.M. *Anatomy and physiology of speech,* Mc Graw Hill Book Co., New York, 1971.

KOUFMAN, J.A., BLALOCK, P.D. *Classification and approach to patients with functional voice disorders,* Ann. Oto. Rhino. Laryngol., 91, 1982.

LAFON, J.C.
- *L'impulsion acoustique dans la phonation et l'audition,* Bulletin d'Audiophonologie, 6, 1976, no 1.
- *Le son laryngé et sa forme acoustique,* J. Franç. ORL, 1958, 7, no 7.

LAFON, J.C., FAURE, M.A. *Physiologie du système vibratoire,* Doc. d'audiophonologie 1/81, Besançon.

LAUNAY, C., BOREL-MAISONNY, S. *Les troubles du langage, de la parole et de la voix chez l'enfant,* Masson et Cie, Paris, 1972.

LE HUCHE, F.
- *La voix,* Collection phoniatrique, No 3. Thérapeutique des troubles de la voix, Masson Ed., 170, Paris, 1984.
- *Dysphonies fonctionnelles,* EMC., 5, Paris, 1982.

LE SENNE, R. *Traité de caractériologie,* P.U.F., 1979.

LESSAC, A. *The use and training of the human voice,* Drama Book Publ., New York, 1967.

LIENARD, J.S. *Les processus de la communication parlée,* Masson Ed., Paris, 1977.

LOWEN, A. *La Bioénergie,* Tchou, Paris, 1973.

MARTENOT, M. *Se relaxer, pourquoi ? Comment ?* Le corps, expression de l'être, Albin Michel, Paris, 1977.

MOSES, P.J.
- *The voice of neurosis,* Grüne and Stratton Ed., New York, 1954.
- *The vocal expression of emotional disturbances,* Kaser Foundation Med. Bull. 1959, 7, 107.
- *Pathology and therapy of the singing voice,* Arch. Oto. Laryngol., 1959, 69, 577.

PERELLO, J.
- *Histoire de la phoniatrie,* Bull. Audiophonol. 4., Vol. 16, 1983.
- *Dysphonies fonctionnelles,* Folia Phoniatrica, 14, 1962.

OSWALD, P.P. *Sound making and acoustic communication of emotions,* Ch. C. Thomas Ed., Springfield Ill., 1963.

PROCTOR, D.F. *Breathing, speech and song,* Springer Verlag, New York, 1980.

PUNT, N.A. *Lubrification of the vocal mechanism,* Folia Phoniat., 1974, 26, 287.

ROGERS, C.R. *Client-centered therapy,* Hunghton Mifflin Co Ed., Boston, 1951.

ROMETTE, D. *Des comportements oro-faciaux,* Faculté de chirurgie dentaire, fasc. 1, Paris VII, 1980.

RONDELEUX, L.J. *Trouver sa voix,* Seuil Ed., Paris, 1977.

SAMBUCY de, A. *Gymnastique corrective vertébrale,* Dangles Ed., 1978.

SATPREM, ou SRI AUROBINDO. *L'aventure de la conscience,* Buchet / Chastel Ed. Paris, 1970.

SCHNEIDERMAN, C.R. *Basic anatomy and physiology in speech and hearing,* College Hill Press, San Diego, 1984.

SCHÖNHARL, E. *Die Stroboscopie in der praktischen Laryngologie,* Georg Thieme Verlag, Stuttgart, 1960.

SCHUTZ-COULON, H.J. *The neuro muscular phoniatry control system and vocal function,* Acta Otolaryngol. 86. 142-153, 1978.

SCHWENK, T. *Le chaos sensible,* Triade Ed. Paris, 1963.

SEEMAN, M. *Les troubles du langage chez l'enfant,* Libr. Maloine, Paris, 1967.

SINGH, R.P. *Anatomy of hearing and speech,* Oxford University Press, New York, 1980.

SONNINEN, A. *Phoniatric viewpoints on hoarseness,* Acta Otolaryngologica, 262, 1970.

SONNINEN, A., DAMSTE, P.M., JOL, J., FOKKENS, J. *On vocal strain,* Folia Phoniat., 1972, 24, 321-336.

SONNINEN, A., DAMSTE, P.M., JOL, J., FOKKENS, J., REALOFS, J. *Microdynamics in vocal fold vibration,* Acta Otorhino., 1974, 78, 129-134.

TARNEAUD, J. *Traité pratique de phonologie et de phoniatrie,* La voix, la parole, le chant, Maloine Librairie, Paris, 1961.

VAN DEN BERG, J. *Myo-elastic-aerodynamic theory of voice production,* Journal of speech Hearing Research, 1, 227-244, 1968.

VASSE, D. *L'ombilic et la voix,* Seuil Ed., Paris, 1974.

VENNARD, W.
- *La voix / l'écoute,* Traverses, no 20, 1980.
- *Différence et simulacre,* Traverses, no 10, 1978.
- *Singing : the mecanism and the technic,* Carl Fischer Ed., New York, 1967.

UZIEL, A., GUERRIER, Y. *Physiologie des voies aéro-digestives supérieures,* Masson, Paris, 1984.

VON LEDEN, M. *The cultural History of the Human Voice,* 11e Symposium, Care of the Professional Voice, New York, 1982.

VUILLERMOZ, E. *Histoire de la musique*, Éd. Fayard, 1973.

WATZLAWICK, P., WEAKLAND, J., FISCH, R. *Changements, paradoxes et psychothérapies,* Seuil Ed. Paris, 1975.

WEISS, D.A. *Introduction to functional voice therapy,* S, Karger Ed., Basel, 1971.

WILSON, D.K. *Voice problem of children,* Williams & Dinkins Ed. Baltimore, 1979.

WORMHOUDT, P.S. *Building the voice as an instrument,* William Penn College, Iowa, 1981.

WYKE, B. *Ventilatory and phonatory control systems,* Oxford Univ. Press Ed., London, 1974.

ZEMLIN, W.R. *Speech and Hearing Science. Anatomy and Physiology,* Prenticc-Hall, Inc., Englewood Cliffs, New Jersey, 2e ed. 1981.

AVANT-PROPOS

Pierre-Marcel Favre, éditeur
Siège social : 29, rue de Bourg, CH-1002 Lausanne, Suisse
Téléphone (de Paris 19 41 21 22.17.17)
Paris : 2, rue du Sabot, F-75006 Paris. Tél. 548.68.85.

Cet ouvrage a été réalisé
sur les presses des Imprimeries Delmas
à Artigues-près-Bordeaux
33370 Tresses,
pour le compte des Editions Favre,
le 18 septembre 1985.

Imprimé en France.
Dépôt légal : septembre 1985.
N° d'impression : 33778.